utb 4958

Eine Arbeitsgemeinschaft der Verlage

W. Bertelsmann Verlag · Bielefeld
Böhlau Verlag · Wien · Köln · Weimar
Verlag Barbara Budrich · Opladen · Toronto
facultas · Wien
Wilhelm Fink · Paderborn
A. Francke Verlag · Tübingen
Haupt Verlag · Bern
Verlag Julius Klinkhardt · Bad Heilbrunn
Mohr Siebeck · Tübingen
Ernst Reinhardt Verlag · München
Ferdinand Schöningh · Paderborn
Eugen Ulmer Verlag · Stuttgart
UVK Verlagsgesellschaft · Konstanz, mit UVK/Lucius · München
Vandenhoeck & Ruprecht · Göttingen
Waxmann · Münster · New York

Schreiben im Studium

herausgegeben von
Swantje Lahm

Bd. 7

Ingrid Scharlau
Katrin B. Klingsieck

Schreiben im Psychologiestudium

Verlag Barbara Budrich
Opladen & Toronto 2018

Die Autorinnen:

Prof. Dr. Ingrid Scharlau und Prof. Dr. Katrin B. Klingsieck lehren an der Universität Paderborn im Fach Psychologie.

Bibliografische Information der Deutschen Nationalbibliothek
Die Deutsche Nationalbibliothek verzeichnet diese Publikation in der Deutschen Nationalbibliografie; detaillierte bibliografische Daten sind im Internet über http://dnb.d-nb.de abrufbar.

Gedruckt auf säurefreiem und alterungsbeständigem Papier

www.budrich-verlag.de

utb-Bandnr. 4958
utb-ISBN 978-3-8252-4958-8

Online-Angebote oder elektronische Ausgaben sind erhältlich unter www.utb-shop.de.

Satz: Ulrike Weingärtner, Gründau
Umschlaggestaltung: Atelier Reichert, Stuttgart
Titelbildnachweis: Nils Cordes, Bielefeld
Illustrationen: © Noun Project
Druck: Friedrich Pustet, Regensburg
Printed in Germany

Inhalt

Für inhaltliche Gespräche, Kritik, Anregungen (und Lob) bedanken wir uns bei unseren Kolleginnen Heike Buhl, Vanessa Frahnert, Sonia Kampel, Andrea Karsten und Justine Patrzek. Bei der Korrektur haben uns Dorothee Scharlau, Elke Scharlau, Isabella Koralewicz, Teresa Korsmeier, Meike Kossmann und Simone Reimann unterstützt.

Unsere Begeisterung für das Thema Schreiben wurde durch Swantje Lahm und Stefanie Haacke vom Schreiblabor der Universität Bielefeld entzündet, denen wir dafür sehr dankbar sind. Swantje Lahm hat die Erarbeitung dieses Buches konstruktiv und kritisch begleitet – oft eine Phrase, die für ihre Begleitung jedoch im besten Sinne zutrifft.

1. Einleitung: Wissenschaftlich schreiben lernen im 21. Jahrhundert

Wir schreiben dieses Büchlein in einer spannenden Zeit. Als Büchlein ist es altmodisch; Veröffentlichungen im Internet laufen dem Buch den Rang ab, und anstatt ein ganzes Buch zu lesen, um sich auf ein Schreibprojekt vorzubereiten oder es voranzubringen, scheint es einfacher und zeitsparender, sich im Internet nach Tipps umzusehen. Warum dann ein Buch? Die wichtigste Antwort auf diese Frage ist, dass wissenschaftlich schreiben zu lernen sich nicht darin erschöpft, Tipps, Tricks und Regeln anzuwenden. Es profitiert vielmehr vor allem davon, dass man ein Bild davon bekommt, wie es funktioniert und warum in einer Wissenschaft auf eine bestimmte Weise geschrieben wird, also gewissermaßen hinter die Kulissen schaut.

Warum ist Schreiben so wichtig? Schreiben ist eine gute Möglichkeit, sich Wissen anzueignen. Wenn man neue Inhalte in eigenen Worten und eigener Struktur oder Argumentation zu Papier oder in die Datei bringt, fördert dies elaboriertes, vernetztes, individuelles Wissen, kurz gesprochen: Verstehen. Das ist einer der Gründe dafür, dass im Hochschulstudium, spätestens in der Abschlussphase, Wert auf schriftliche Produkte gelegt wird.

„... the finality of a written report also serves as a powerful incentive to do your best thinking, and to continue thinking as you write your paper. It requires you to tie up loose ends that you might otherwise have left untied [...]. I have often thought that I knew what I wanted to say, only to find that when the time came to say it, I was unable to. The reason for this, I believe, is that in thinking about a topic, we often allow ourselves conceptual gaps that we hardly know exist. When we attempt to communicate our thoughts, however, these gaps become obvious" (Sternberg 2005, S. 6f.).

Aber ist nicht alles Wissen im Internet verfügbar, so dass es eigentlich unnötig ist, sich das Wissen selbst anzueignen? Dieser Einwand ist berechtigt: Es ist eine Erleichterung, sich Fakten nicht mehr merken zu müssen, sondern schnell nachschauen zu können, etwa den ICD-10-Code einer psychischen Störung, die Formel für eine statistische Korrektur, wenn die getesteten Gruppen unterschiedliche Varianzen aufweisen, oder die exakte Formulierung von Items in einem Fragebogen zur Selbstwirksamkeit. Warum eine statistische Korrektur notwendig ist und welche unerwünschten Folgen sie haben kann, wie sich das DSM V vom DSM IV unterscheidet und warum es um die neue Auflage Streit gegeben hat, wie man überhaupt heutzutage psychische Störungen definiert, warum Selbstwirksamkeit ein wichtiges Thema der Psychologie ist, das hingegen kann man bei Bedarf nicht einfach schnell nachlesen. Hierzu muss man die Inhalte verstehen und verknüpfen – und das setzt voraus, über eigenes Wissen zu verfügen.

Wir möchten Sie mit diesem Buch gleichzeitig beim Schreiben unterstützen und zum Schreiben ermutigen. Wir schauen also hinter die Kulissen, aber möchten Sie auch anregen, sich möglichst oft schreibend intensiv mit Inhalten auseinanderzusetzen. So fördern Sie Ihr Verstehen, und so erkennen Sie die Komplexität psychologischer Phänomene.

Weil psychologische Phänomene in der Regel komplex sind, lassen sich psychologische Fragen nur ausnahmsweise kurz beantworten und psychologische Prozesse nicht durch einfache Mittel steuern. Das gilt natürlich auch für das Schreiben, weswegen Sie hier keine Regeln der Sorte „Machen Sie es so, dann klappt es sicher!" finden werden. Wir werden Ihnen vielmehr die verschiedenen Facetten von Texten und des Schreibens zeigen und erläutern. Dabei legen wir ein besonderes Augenmerk auf die Vielfalt von Texten, Schreibprozessen und Personen, um Ihnen einen bewussten und reflektierten Zugang zum Schreiben zu eröffnen, der es Ihnen ermöglicht, sich in ganz unterschiedlichen Schreibsituationen selbst zu steuern.

Praktisches: An einigen Stellen im Buch finden Sie

Textboxen, die etwas zusammenfassen

Textboxen, die zu einer Übung anregen

Textboxen, die zu einer Reflexion anregen

Unser Buch erscheint in einer Reihe über das Schreiben. Da man aber nicht schreiben kann ohne zu lesen, ja beide Tätigkeiten unlösbar miteinander verbunden sind, werden wir über beides sprechen. Wenn wir beispielsweise auf die Struktur von Einleitungen eingehen, dann so, dass Sie damit Einleitungen systematisch und kritisch lesen und auch selbst verfassen lernen. Wir treten also nicht nur für gezieltes und bewusstes Schreiben ein, sondern auch für systematisches und bewusstes Lesen. Dabei lernt man nicht nur kritisch zu denken, sondern am Vorbild guter Texte, welche Möglichkeiten es gibt, Fragen Gedanken und Inhalte überzeugend zu verschriftlichen, und am Beispiel schlechter, wie man es nicht machen sollte.

Wir sehen unser Buch nicht primär als einen Ratgeber, sondern eher als einen Reiseführer. Er soll Ihnen die Gewohnheiten und Gebräuche eines Landes nahebringen und erläutern. Zuweilen werden wir Ihnen Empfehlungen geben, so wie man in einem Reiseführer beispielsweise auf notwendige Impfungen hinweist. Meistens werden wir jedoch beschreiben, wie die Bewohner_innen dieses Landes – Forscher_innen in der Psychologie – typischerweise handeln, wenn sie forschen. Dies eröffnet Ihnen die Möglichkeit, dieses Handeln zu verstehen und ebenso zu handeln – oder sich vielleicht bewusst anders zu verhalten. Sie können das Buch deswegen auch als Nachschlagewerk – eben wie einen Reiseführer – verwenden: Die meisten Abschnitte sind in sich geschlossen lesbar.

Ihre Forschungsreise ist allerdings keine Kreuzfahrt, bei der Sie in wohlorganisierter Form Häfen anlaufen und dort Sehenswürdigkeiten besichtigen und deren Ziel Sie im Vorhinein kennen. Sie gleicht eher einer längeren Wanderung auf verschlungenen Wegen mit einer recht groben Karte und einem ungenauen GPS-Signal, häufig ohne Überblick und in der Regel mit kleineren und größeren Umwegen. Als Reisende sind Sie Entdecker_innen, und zwar aus gutem Grund. Wissenschaft zu treiben bedeutet, Unbekanntes zu entdecken. Dies mag zuweilen etwas Kleines und vielleicht sogar Naheliegendes sein, zuweilen etwas Neues, manchmal auch etwas ganz Überraschendes – so wie Sie auf einer Reise Landschaften, Kulturen, Wetterlagen, Ortschaften erkunden, die Ihnen neu sind.

Eine Bemerkung zur Vorsicht: Die Teilbereiche der Psychologie unterscheiden sich relativ deutlich – Ihr Reiseland besteht gewissermaßen aus verschiedenen Landstrichen. Es wird in einem kurzen Buch wie diesem nicht ausbleiben, dass wir Unterschiede zwischen diesen Gruppen vernachlässigen oder übersehen. Konzentriert haben wir uns auf zwei Bereiche, die wir als Autorinnen recht gut kennen, die Allgemeine Psychologie und die Pädagogische Psychologie. Machen Sie anhand dieser Beispiele und ihrer Erläuterung Ihre eigenen Beobachtungen in den Feldern der Psychologie, mit denen Sie sich genauer beschäftigen.

2. Über die Schreiberinnen und Schreiber

2.1 Ein unbekanntes Spiel mitspielen

Wenn Sie dieses Buch in der Hand halten, dann sind Sie aller Wahrscheinlichkeit nach Studentin oder Student der Psychologie oder beschäftigen sich im Rahmen des bildungswissenschaftlichen Anteils im Lehramtsstudium oder eines Nebenfachs mit der Psychologie. Sie studieren an einer Hochschule, und Teil dieses Studiums ist es, Texte zu verfassen – Praktikumsberichte, vielleicht Hausarbeiten, auf jeden Fall eine Bachelor- oder Masterarbeit. Möglicherweise ist Ihnen nicht ganz klar, was in diesen Arbeiten von Ihnen erwartet wird, und Sie haben den Eindruck, ein Spiel mitspielen zu müssen, ohne es wirklich zu können – so wie Sie vielleicht bei einer Einladung in einem fremden Land unsicher sind, wie Sie sich angemessen verhalten: Was sind die Smalltalk-Regeln? Warum hat die Gastgeberin das mitgebrachte Geschenk nicht ausgepackt? Wie signalisieren Sie höflich, dass Sie satt sind?

Dieser Eindruck ist richtig, und dass Sie sich so fühlen, ist kein Mangel an Kompetenz, sondern ganz normal. Ihre Situation wird die einer „legitimen peripheren Teilhabe" genannt und ist typisch für organisierte Lernprozesse (Lave & Wenger, 1991). Praktiken und Prozesse in Gemeinschaften wie derjenigen der Wissenschaftler_innen in der Psychologie verlaufen nach Regeln. Diese Regeln sind den Angehörigen der Gemeinschaften jedoch nur zum Teil bewusst: Sie sind implizites Wissen oder *tacit knowledge*. Deswegen können sie auch nur partiell durch explizite Instruktion erworben werden. Man muss vielmehr in die Praxis hineinwachsen, und das wiederum tut man, indem man, so gut es geht, wie eine Psychologin bzw. ein Psychologe denkt, argumentiert, schreibt – durch Teilhabe.

Sie werden in Ihrem Studium vermutlich gelernt haben oder noch lernen, was die übliche Struktur wissenschaftlicher Texte ist (dies wird in Abschnitt 3.2 genauer erläutert), dass Sie möglichst wenig ungebräuchliche Abkürzungen verwenden sollen, wie Sie korrekt auf Werke anderer verweisen, und dass Sie Ideen, die Sie von anderen übernehmen, kennzeichnen müssen (⇨ Kap. 4). Dies sind

Beispiele für explizites Wissen. Was ein starker erster oder letzter Satz für eine Bachelor- oder Masterarbeit ist, wann genau man die erste Person Singular gut verwenden kann und wann nicht, welche Konzepte oder Methoden, die Sie im Studium gelernt haben, nicht durch Literaturverweise belegt werden müssen, wird selten explizit vermittelt, sondern muss anderen abgeschaut werden – durch Beobachtung und durch ausprobierendes Mithandeln. Genau deswegen schreiben Sie Literaturüberblicke, Masterarbeiten, Exposés für Forschungsprojekte: Solche Texte werden auch von tatsächlichen Wissenschaftler_innen verfasst, und Sie haben so an deren Wissenspraktiken teil.

Die Forscher_innen in der Psychologie bilden eine Diskursgemeinschaft. Als Studentin oder Student sind Sie noch kein Vollmitglied dieser Diskursgemeinschaft, doch es wird Ihnen erlaubt und sogar von Ihnen erwartet, sich wie ein solches Mitglied zu verhalten. Sie handeln also nicht *als* Psychologin oder Psychologe, *als* Forscherin oder Forscher, aber Sie handeln *wie* eine solche Person, indem Sie beispielsweise ein Gutachten erarbeiten, ein Experiment entwerfen, es durchführen und einen Bericht darüber verfassen, der wie ein Forschungsartikel aufgebaut ist. Am deutlichsten wird dieses „Handeln wie" in Bachelor- und Masterarbeiten, in denen von Ihnen selbständige Forschung erwartet wird. Es ist einerseits dadurch gekennzeichnet, dass Sie echte Aufgaben einer Forscherin oder eines Forschers haben, nicht allein pädagogisch aufbereitete Pseudo-Aufgaben, wie sie in der Schule häufig vorkommen. Andererseits werden Sie dadurch entlastet, dass Sie nicht alles allein tun, nur machbare Teile von Aufgaben übergeben bekommen, nicht in der ganzen Komplexität der Situation handeln und die Produkte Ihres Handelns meist nur imaginärer Bestandteil des Fachdiskurses sind. So müssen Sie beispielsweise vielerorts in Ihrer Bachelor- und Masterarbeit kein neues Wissen erarbeiten – eine Replikation eines bekannten Befundes[1] genügt –, und die Mehrzahl dieser Arbeiten wird lediglich von den Gutachter_innen gelesen.

Dieses probeweise Dabeisein und Mittun ist nicht leicht. Oft fühlen sich Studierende auf das Schreiben von Haus- oder Qualifi-

1 Die sogenannte Replikationskrise hat gezeigt, dass Replikationen alles andere als minderwertige Erkenntnis sind (z.B. Pashler & Wagenmakers, 2012; siehe auch Fiedler, Kutzner & Krueger, 2012).

kationsarbeiten schlecht vorbereitet. Hier hilft vielleicht der Gedanke, dass das Verfassen von Forschungsarbeiten auch für etablierte Wissenschaftler_innen schwierig ist, genauer: eine der schwierigsten Aufgaben überhaupt, da man sich auf einen Prozess mit unklarem Ende einlässt. Nur selten lassen sich alle Schwierigkeiten empirischer Arbeiten im Vorhinein absehen, nur ausnahmsweise schreiben Forscher_innen ganze Artikel „herunter", ohne dabei ins Stocken zu geraten oder Hürden durch zähe Arbeit überwinden zu müssen. Wenn Ihnen diese Unsicherheit Sorgen macht, sind Sie also in guter Gesellschaft; diese Schwierigkeiten sind Kernprobleme des Schreibens, und haben wenig mit mangelnder individueller Vorbereitung zu tun.

Wie andere Kompetenzen lässt sich das Schreiben erlernen, und der wichtigste Weg dazu ist das Üben, also einfach das Schreiben selbst. Dafür müssen Sie nicht unbedingt viele längere Arbeiten schreiben (auch wenn das nützlich wäre). Auch systematische Vorlesungsnotizen anzulegen, einen anschaulichen und gehaltreichen Praktikumsbericht zu verfassen, Referatsfolien verständlich zu gestalten oder Kommiliton_innen durch Posts in einer virtuellen Lerngruppe bei der Prüfungsvorbereitung zu unterstützen, sind solche Schreibaktivitäten, und auch sie trainieren das wissenschaftliche Schreiben. Nutzen Sie einfach jede Gelegenheit zu schreiben, reflektieren Sie über Ihre Erfahrungen, holen Sie sich Rückmeldung und achten Sie darauf, wie Sie besser werden.

Trotz dieser hoffentlich ermutigenden Beobachtung ist nicht zu leugnen, dass das Studium in der Regel nicht allzu gut auf das Schreiben vorbereitet. Auch wenn sich in den letzten Jahrzehnten einiges getan hat – etwa durch die Einrichtung von Schreibzentren oder durch Programme zur Unterstützung des Schreibens im Studium – ist eine systematische Förderung des Schreibens an deutschen Hochschulen immer noch eine Ausnahme. Warum deutsche Universitäten hier so zögerlich sind, ist gerade deswegen rätselhaft, weil Schreiben wie eingangs erwähnt zum inhaltlichen Verständnis beiträgt. Wie dem auch sei – Sie (und wir) müssen mit der unbefriedigenden Situation zurechtkommen, dass die Hochschulen ihre Aufgaben nicht angemessen erledigen, und hier soll dieses Buch helfen.

2.2 Eine Haltung einnehmen

Beim wissenschaftlichen Schreiben wird, wie der vorangegangene Abschnitt gezeigt hat, etwas Kompliziertes von Ihnen verlangt: mitzutun, was Sie noch nicht ganz beherrschen. Manche Studierende motiviert diese Situation, andere fühlen sich dadurch eher beunruhigt, so wie manche Menschen gerne Abenteuerreisen unternehmen, andere hingegen lieber jedes Jahr an den gleichen Ort reisen. Anspruchsvoll ist auch die Haltung, die von Autor_innen erwartet wird. Einerseits neigt man als Wissenschaftlerin oder Wissenschaftler zur Großspurigkeit oder Übertreibung: Man behauptet etwas, stellt Thesen auf, wagt sich an die Beantwortung einer großen Frage, kritisiert Untersuchungen anderer, in der Regel von Personen, die schon viel länger in der Forschung sind als man selbst. Andererseits gehört zur wissenschaftlichen Arbeit Bescheidenheit. Diese äußert sich z.B. darin, dass man den eigenen Beitrag nicht in den Vordergrund rückt, Kritik sachlich äußert, Thesen eher zurückhaltend formuliert und die Grenzen der eigenen Untersuchung aufzeigt.

Wenn man einen wissenschaftlichen Text schreibt, muss man sowohl großspurig als auch bescheiden sein können und keines davon übertreiben, so wie man beim Reisen zugleich bei sich bleiben und in neue Situationen eintauchen möchte. Ein Text, dessen Autorin oder Autor zu sehr von sich überzeugt scheint, irritiert, weil Wissenschaft ihrem Selbstverständnis nach sachlich zu sein hat und es nicht darauf ankommen soll, wer eine Erkenntnis gewonnen hat; gerade dieser Anspruch, dass es nicht auf die Person ankommt, trägt zur Glaubwürdigkeit von Wissenschaft bei.[2] Hält man sich dagegen zurück, indem man die eigenen Gedanken nicht als solche markiert oder erst gar nicht aufschreibt und sich stattdessen hinter den Beiträgen anderer versteckt, schwächt man die argumentative Kraft des eigenen Textes und die eigene Leistung.

2 Das ist natürlich nicht ganz richtig – es entspricht eher der Selbstdarstellung der Wissenschaft als ihrem tatsächlichen Vorgehen. Wissenschaftler_innen sind durchaus stolz auf ihre eigenen Beiträge, und für eine wissenschaftliche Karriere ist es wichtig, was jemand geleistet hat. Im Vergleich zu anderen Wissenschaften sind Psycholog_innen allerdings eher darum bemüht, einen Beitrag zum Ganzen zu leisten als z.B. eine gänzlich neue Sichtweise auf ein Phänomen zu etablieren.

Bei Qualifikationsarbeiten ist die Vorstellung, es sei egal, wer zu der Erkenntnis gekommen ist, übrigens besonders irritierend. Es ist ja gerade zentral, dass Sie die Arbeit schreiben, denn Sie wollen Ihre Prüfer_innen überzeugen, dass Sie einen akademischen Grad verdient haben, weil Sie das Spiel und seine Regeln beherrschen. Das bringt Sie in einen weiteren Zwiespalt: Die Texte, die Sie im Studium schreiben, sind Prüfungstexte, und die Tatsache, dass Sie schreiben, um eine gute Note zu bekommen, lässt sich schwer aus dem „Handeln wie" ausblenden. Zwar sollen Sie eine wissenschaftliche Arbeit schreiben, mit der Sie an der Forschung in der Psychologie teilhaben – Texte kritisch lesen, sachlich auf Beiträge anderer reagieren, eigene Ideen entwickeln und selbstkritisch überprüfen, sorgfältig forschen und die Ergebnisse klar, aber zugleich bescheiden vorstellen und selbst kritisieren –, aber Sie möchten aller Wahrscheinlichkeit nach Ihre Prüfer_innen auch davon überzeugen, dass Sie eine gute Note verdienen, was vielleicht nicht dafür spricht, ihnen die Schwächen der Arbeit allzu deutlich vor Augen zu führen. Auch hier müssen Sie also eine Balance finden – zwischen Wissenschaftler_in und Prüfling.

> Beim Schreiben hilft es oft, sich nicht auf die Prüferin oder den Prüfer zu konzentrieren, zumal wenn dies für Sie eher mit unangenehmen Gedanken einhergeht, sondern sich vorzustellen, man schreibe für eine freundliche und neugierige Person, die die Arbeit *nicht* bewertet. Vielleicht kennen Sie eine solche Person – ein Familienmitglied, das sich für Psychologie interessiert, oder eine Kommilitonin aus einem Seminar, die dessen Inhalte spannend fand und ein ähnliches Vorwissen hat wie Sie. Probieren Sie aus, was passiert, wenn Sie sich vorstellen, Ihr Text sei an diese Person gerichtet!

Für jeden Text, den man schreibt, muss man eine Haltung finden und einnehmen, mal etwas provozierender, z.B. in einem Referat, in dem es leichter fällt „ich" zu sagen oder zurück zu rudern, wenn man sich mit einer Behauptung oder Interpretation zu weit vorgewagt hat, mal etwas zurückhaltender, etwa in der Masterarbeit. Vielleicht fällt Ihnen das leicht. Falls das nicht so ist, kann es eine empfehlenswerte Strategie sein, sich an Texten zu orientieren, deren Haltung man beim Lesen angenehm findet.

Lesen Sie Originalartikel mit einem besonderen Augenmerk darauf, durch welche Formulierungen es den Autorinnen oder Autoren gelingt, eine gute Balance zwischen Zurückhaltung und Präsenz zu finden.[3] Achten Sie auch darauf, wo jemand eher über- oder untertreibt. Was möchten Sie in Ihrem Text tun, und durch welche Formulierungen können Sie es erreichen? Legen Sie vielleicht sogar eine Art Vokabelheft für solche Formulierungen an.

Schreiben muss aber nicht schwierig und unangenehm sein. Gerade weil es komplex ist, hat es auch sehr angenehme Seiten: Sie können mit den verschiedenen Haltungen spielen und ausprobieren, wie Ihr Text wirkt. Es kann sehr beglückend sein, einen Gedanken in eine präzise sprachliche Form zu bringen oder einen Gedankengang so auszuformulieren, dass man ihm mit seinen Argumenten und Gegenargumenten gut folgen kann. Und wie erwähnt trägt gerade Schreiben – wie Reisen – dazu bei, dass man Neues lernt und versteht und am Ende souverän und lässig mit diesem Neuen umgehen kann.

3 Unter „Beispieltexte" (11.3) finden Sie Texte, an denen Sie unsere Übungen ausprobieren können.

3. Psychologische Texte

3.1 Welche Texte Sie im Psychologiestudium lesen

Es gibt nicht *den* psychologischen Text, sondern recht unterschiedliche Textarten mit unterschiedlichen Merkmalen. Welche Textarten sollte man im Studium kennenlernen und lesen, und für welche Zwecke sind sie interessant und wichtig?

Zu unterscheiden ist einmal zwischen Lehr- und Forschungstexten bzw. wichtiger noch zwischen Texten, die Sie lesen und Texten, die Sie schreiben. Zu den Texten, die im Studium am häufigsten gelesen werden, gehören neben Vorlesungsskripten oder Unterlagen anderer Studierender Lehrbücher oder Lehrbuchkapitel, Handbuchartikel und Forschungsartikel (Originalartikel, Reviews und Metaanalysen), die in den nächsten Abschnitten beschrieben werden. Verfasst werden neben Praktikumsberichten, Referatsausarbeitungen, Exposés (auch: *research proposals*) und Hausarbeiten vor allem die Bachelor- und Masterarbeit; Information zu diesen finden Sie im Kapitel 3.5.

Vergleicht man diese beiden Listen, wird klar, dass Sie andere Texte lesen als Sie schreiben. Das ist deswegen problematisch, weil Sie sich nach dem oben erwähnten Konzept der legitimen peripheren Teilhabe wichtige Praktiken durch Abschauen und Mitmachen erschließen. Im Großen und Ganzen können die zu schreibenden Texte allerdings als (vielfältige) Varianten des Forschungsartikels oder psychologischen Originalartikels angesehen werden, und das wiederum vereinfacht die Lage.

Psychologische Originalartikel sind **empirische Einzelstudien**, in denen durch Erhebung von Daten neue Erkenntnisse gewonnen werden, sowie **Metaanalysen** und **Literaturreviews**, in denen der Forschungsstand zusammengefasst wird. Empirische Einzelstudien enthalten oft nur wenige Untersuchungen, je nach Aufwand manchmal nur eine einzige. Bei der Zusammenfassung des aktuellen Forschungsstands zu einer bestimmten Frage gehen Reviews inhaltsorientiert, Metaanalysen mit Hilfe spezieller statistischer Verfahren vor. Alle diese Originalartikel werden in Zeitschriften veröffentlicht, richten sich primär an Fachwissenschaftler_innen und setzen deswegen recht viel Vorwissen oder zumindest Vertrautheit mit Inhalt und Methoden voraus.

Psychologische Originalartikel zu lesen, ist besonders wichtig, wenn man sich mit dem aktuellen Forschungsstand vertraut machen will, etwa wenn man sich für ein bestimmtes Thema interessiert oder eine unbeantwortete oder kontrovers diskutierte Frage für die eigene Arbeit sucht. Zeitschriften haben in der Regel neben der Druckausgabe inzwischen auch eine Online-Ausgabe, die von Universitätsbibliotheken abonniert wird. Seit einigen Jahren entstehen auch reine Online-Zeitschriften, teils mit kostenfreiem Zugang. Prinzipielle Qualitätsunterschiede zwischen Online- und Printzeitschriften gibt es nicht, weil in beiden ein ähnliches Verfahren zur Qualitätssicherung eingesetzt wird.[4]

Dieses Verfahren wird meist als *peer review* durchgeführt. Dabei beurteilen *(review)* unabhängige Personen aus dem gleichen Fachgebiet *(peers)* das Manuskript. Die Gutachter_innen bleiben zumeist anonym; oft sind auch die Autor_innen den Personen, die das Manuskript begutachten, unbekannt (Doppelblindgutachten). Kriterien für die Begutachtung können die Relevanz der Fragestellung, die Kohärenz des theoretischen Hintergrunds, die Stringenz des Untersuchungsdesigns, die Korrektheit der statistischen Analysen sowie die Bedeutsamkeit der Ergebnisse für die Forschung und Theoriebildung sein. Die Gutachter_innen beurteilen, ob das Manuskript zur Veröffentlichung angenommen, zur Überarbeitung an die Autor_innen zurückgeschickt oder abgelehnt werden sollte. Neben der Funktion der Qualitätssicherung erfüllt das Gutachten auch eine wichtige Feedbackfunktion: Die Autor_innen erhalten Vorschläge, durch die sich nicht nur die Qualität ihrer Arbeit verbessern kann, sondern die auch ein Anstoß für die Weiterentwicklung der eigenen Schreibfertigkeiten sein können. Allerdings ist die Qualität der *peer reviews* in den vergangenen Jahren kritisiert worden, weil z.B.

4 Information über verlässliche reine Online-Zeitschriften kann man sich am Zentrum für Psychologische Information und Dokumentation (ZPID) verschaffen: www.zpid.de. Das ZPID ist das Fachinformationszentrum für die deutschsprachige Psychologie. Es informiert über Literatur, Testverfahren, audiovisuelle Medien sowie anspruchsvolle Webseiten. Die Information ist aktuell und umfassend.

durchaus Artikel veröffentlicht werden, deren Mängel im Begutachtungsprozess nicht erkannt wurden.

Eine Sonderform sind Originalartikel, in denen die Autor_innen keine neuen Daten, sondern eine Sichtweise, ein Modell oder eine Herangehensweise vorstellen. Solche Artikel finden sich als sogenannte Positionspapiere oder Überblicksdarstellungen z.B. in der Zeitschrift *Psychologische Rundschau*. Man erkennt sie oft an Formulierungen im Abstract bzw. an der Gliederung, in der die Abschnitte „Methoden" und „Ergebnisse" fehlen. Solche eher programmatischen Texte sind für Qualifikationsarbeiten besonders aufschlussreich, weil sie ihre Ziele, ihre Perspektive und Unterschiede zu anderen Perspektiven explizit machen und oft ausführlich erläutern.

Eine weitere Sonderform von Originalartikeln sind **Tagungsbeiträge**. Viele werden nicht veröffentlicht; für einige Tagungen wie etwa die *Tagung experimentell arbeitender Psychologen* oder für den *International Congress of Psychology* liegen jedoch Zeitschriftenausgaben oder Bände mit den Tagungsabstracts vor, die teilweise auch in Datenbanken erfasst werden. Solche Abstracts sind zu kurz, als dass man ihnen viel für eigene Arbeiten entnehmen könnte; sie sind aber hilfreich, will man interessante Themen und Autor_innen oder aktuelle Forschungsfelder entdecken, gerade wenn es sich um Tagungen aus den letzten Jahren handelt.

Lehrbuchtexte (Lehrbücher oder Lehrbuchkapitel) werden mit einer explizit didaktischen Absicht geschrieben, und zwar um das kanonische, d.h. zu einem bestimmten Zeitpunkt akzeptierte, Wissen an Studierende oder Fachfremde zu vermitteln. Sie sind deswegen oft leicht zu lesen. (Achtung! Leicht erscheinende Texte verführen beim Lesen dazu, sich zu wenig kognitiv anzustrengen, und das wiederum kann dazu führen, dass man sie nicht wirklich versteht.) Ob sie den aktuellen Forschungsstand wiedergeben, muss man eigens prüfen, zumindest auf die neuesten Entwicklungen können sie wegen der Publikationsverzögerung nicht eingehen, und dies liegt auch nicht in ihrer Absicht.

Handbuchartikel fassen ebenfalls den aktuellen Stand zusammen, richten sich jedoch nicht primär an Studierende, sondern an Wissenschaftler_innen. Handbücher können sehr umfangreich sein, sind aber auch deutlich ergiebiger als Lehrbuchtexte, wenn man sich gründlich in ein Thema einarbeiten will. Ähnlich wie bei Lehrbüchern ist die Publikationsverzögerung zu beachten.

Eine besondere Form des Handbuchs ist das **Manual** eines Verfahrens in der Diagnostik (z.B. Testmanual) oder der Intervention (z.B. Trainingsmanual). Ein Manual ähnelt einer Gebrauchsanweisung. Ein wichtiger Unterschied ist allerdings, dass es viele Hintergrundinformationen zu dem Verfahren liefert, die gleichzeitig auch als Qualitätsbeleg für das Verfahren fungieren. So skizziert jedes Manual kurz, wie das Verfahren entwickelt wurde und inwiefern es den Gütemaßstäben genügt. Erst dann führt es die Leser_innen in die Handhabung des Verfahrens ein. Wenn man das Verfahren für die eigene Arbeit einsetzt, kennt man das Manual ohnehin bald in- und auswendig. Aber auch wenn man das Verfahren nicht einsetzt, lohnt sich die Lektüre von Manualen, da die theoretischen Hintergründe eines Verfahrens oft sehr gut aufbereitet sind und man viel über die Operationalisierung von Konstrukten lernt (⇨ 5.3).

Das **psychologische Gutachten** beantwortet eine Frage zu einem psychologisch relevanten Sachverhalt, z.B. ob bei einer Schülerin eine Rechenstörung vorliegt oder ob ein Angeklagter zurechnungsfähig ist. Das Gutachten soll Personen (z.B. Ärzt_innen, Eltern, Lehrer_innen, Richter_innen) dabei unterstützen, eine Entscheidung zu treffen. Es wird von externen Personen, z.B. Krankenkassen oder Gerichten, in Auftrag gegeben und ist immer auch ein Bericht an diese. Es muss den Zweck der Begutachtung, den Untersuchungsanlass, das Untersuchungsdesign zur Beantwortung der Frage und die daraus gewonnenen Ergebnisse so darstellen, dass die Adressat_innen des Gutachtens das Begutachtungsergebnis nachvollziehen und einordnen können. Stärker als Originalartikel sind Gutachten darauf ausgerichtet, einen Sachverhalt abschließend zu bewerten und zu beurteilen. Solche Gutachten dürfen nur von dafür qualifizierten Sachverständigen erstellt werden.

Monographien, d.h. Bücher einer einzelnen Person bzw. kleinen Gruppe zu einem Thema, sind in der Psychologie seltener als in anderen Wissenschaften und spielen im Forschungsalltag eine untergeordnete Rolle. Das hängt damit zusammen, dass die Psychologie eher eine „Eichhörnchen-Wissenschaft“ ist: Viele Forscher_innen sammeln Daten und tragen primär hierdurch zum Erkenntnisfortschritt bei. Ein wichtiger Vorzug von Monographien ist, dass sie ein Thema umfassend und tiefgehend erläutern und Hintergrund, Kontroversen, Schwierigkeiten und Missverständnissen viel Platz einräumen können; an ihnen kann man detailreich lernen, was es bedeutet, wie Psycholog_innen zu denken und zu forschen.

Von Wissenschaftler_innen verfasste **populärwissenschaftliche Bücher**, die sich an Laien richten, werden in der Psychologie skeptischer betrachtet als in vielen anderen Wissenschaften. Gerade im deutschen Sprachraum scheint es nicht als Vorzug angesehen zu werden, wissenschaftliche Fortschritte einer interessierten Öffentlichkeit zu vermitteln. Inzwischen gibt es jedoch viele qualitätsvolle Beispiele.[5] Man kann sich mit ihnen einen oft guten Zugang zu einem Themenfeld verschaffen. Zitiert werden sie üblicherweise nicht; man würde in der Forschung davon ausgehen, dass Sie auch die Originalarbeiten lesen, auf denen das Buch beruht.

Viele psychologische Themen werden in **Internet-Enzyklopädien** oder auf **Webseiten** behandelt. Dies hat viele Vorteile – der Zugriff ist kostenfrei und schnell, und prinzipiell können alle zu Wort kommen. Im Internet werden jedoch auch einseitige Meinungen, Fehler oder gezielte Desinformation verbreitet[6], so dass es notwendig ist, Informationen aus solchen freien Ressourcen kritisch zu überprüfen. An freien enzyklopädischen Ressourcen wie der Wikipedia kann jeder mitschreiben. Zwar üben die Gesamtgruppe der Autor_innen und inzwischen auch eigens eingesetzte Redakteur_innen eine gewisse Kontrolle aus, doch die Wikipedia ist auch ein Ort, an dem einzelne Personen ideologiegefärbte oder einseitige Ansichten als gültig darstellen können, vor allem, wenn sie viel Zeit haben und hartnäckig sind. Wenn auf den Versionsgeschichte-Seiten von Wikipedia-Artikeln hitzig diskutiert oder immer wieder hin und her geändert wird, ist das ein Warnsignal. Verglichen mit anderen psychologischen Textarten wird zudem sehr wenig belegt, woher man Behauptungen bezieht, auch wenn die Wikipedia bestrebt ist, dies zu ändern. Solche Artikel eignen sich deswegen eher dazu, Fakten

---

5 Ein paar Leseempfehlungen aus unseren Bücherregalen: Stern und Neubauers Buch über *Intelligenz* (2013), Spechts Buch über *Liebe* (2014), Klingbergs Analyse von *Multitasking* (2008) oder Dehaenes *Lesen* (2012).

6 Internetmaterial zu den vermeintlich gravierenden Nebenwirkungen von Impfungen, beispielsweise einer angeblichen Autismus-Gefährdung, ist ein anschauliches, aber keineswegs das einzige Beispiel hierfür.

nachzusehen (z.B. Was sind die Lebensdaten von Bärbel Inhelder? Wie berechnet sich der IQ?) oder einen ersten Einblick in unbekannte Begriffe, die eher am Rand des eigenen Interesses liegen, zu bekommen. Immer ist es notwendig, die Darstellung mit Hilfe eines Lehrbuchs, Lexikons oder Handwörterbuchs zu prüfen.

Übrigens sind die englischen Wikipedia-Artikel oft ausführlicher und besser als die entsprechenden deutschen. Gute, von namentlich genannten Fachleuten geschriebene und durch Fachleute geprüfte Artikel einzelner Autor_innen enthält die englischsprachige Scholarpedia. Leider deckt sie bislang nur wenige Bereiche der Psychologie ab.

Manche Forscher_innen schreiben **Blogs**. Solche Blogs berichten Forschungsergebnisse für eine breitere Öffentlichkeit als die Fachgemeinschaft der Psychologie; anders als Fachtexte sind sie kurz und bündig und bewusst persönlich; manchmal kann man in ihnen etwas über den Kontext oder die Realität von Forschung erkennen, das in Originalartikeln nicht berichtet wird. Ein paar willkürlich herausgegriffene lesenswerte Beispiele sind

- der Blog der Professorin Jule Specht mit Themen aus der Persönlichkeitspsychologie, Wissenschaftskommunikation, Wissenschaftspolitik und Geschlechtergerechtigkeit (meist deutsch; www.jule-schreibt.de)
- der InMind-Blog der an die Öffentlichkeit gerichteten Zeitschrift *The Inquisitive Mind* (deutsch; http://de.in-mind.org/blog)
- der Prokrastinations-Blog des Professors Timothy A. Pychyl (englisch; www.psychologytoday.com/blog/dont-delay)

Entwickeln Sie Ihr Gespür für unterschiedliche Textarten. Reflektieren Sie dazu Ihre bisherigen Erfahrungen und persönlichen Präferenzen: Welche dieser Texte haben Sie im Studium bereits gelesen? Welche Textart ist diejenige, mit der Sie am besten klarkommen? Mit welchen haben Sie Probleme – und warum? Können Sie sich Ihre Schwierigkeiten nun besser erklären?

3.2 Die Kernstruktur psychologischer Texte: Einleitung, Methoden, Ergebnisse, Diskussion

Viele psychologische Texte haben dieselbe Kernstruktur, die man sich gut erklären kann, und die hilft, sich auch solche Texte zu erschließen und zu verstehen, in denen einige Elemente scheinbar oder tatsächlich fehlen. Sie wird oft als IMRD-Struktur bezeichnet, aus dem Englischen *Introduction, Methods, Results, Discussion* (Einleitung, Methoden, Ergebnisse, Diskussion). Wenn wir sie im Folgenden erläutern, tun wir das nicht in der Reihenfolge, in der diese Teile im Text auftauchen, sondern beginnen mit dem Kern empirischer Forschungsarbeiten – den Ergebnissen – und arbeiten uns gewissermaßen nach außen vor, denn so werden die Eigenarten der Textteile besser verständlich.

Kernstruktur psychologischer Texte

Introduction/Einleitung
Methods/Methoden
Results/Ergebnisse
Discussion/Diskussion

Ergebnisse

Der allergrößte Teil der psychologischen Forschung ist heutzutage empirisch, baut also auf Daten auf, die in Experimenten, Felduntersuchungen, Befragungen/Interviews, ... gewonnen wurden. Der mit „Ergebnisse" oder „Results" bezeichnete Abschnitt psychologischer Texte enthält diese Daten, fokussiert auf ihre Beschreibung und Analyse, aber weitgehend ohne Interpretation. Die Analyse ist in den meisten Fällen statistisch; qualitative Untersuchungen kommen in der Psychologie vor, sind aber eine Ausnahme, weswegen wir sie im Folgenden nur streifen.

Die meisten Ergebnisteile lassen sich grob in zwei Abschnitte einteilen. Ziel des ersten ist es, einen Überblick über die Datenlage und -struktur zu geben. Dazu werden die Ergebnisse der deskriptiven Analysen präsentiert, in quantitativen Untersuchungen meist Mittelwerte und Standardabweichungen, Interkorrelationen oder Häufigkeitsangaben. Diese sind eine wichtige Grundlage für das Verständnis des darauffolgenden Abschnitts, der die Ergebnisse präsentiert, die sich direkt auf die Frage oder Hypothese der Untersuchung beziehen. Hierbei handelt es sich um die Ergebnisse der inferenzstatistischen Analysen, z.B. einer Regressionsanalyse. Neben der Frage, ob ein Effekt, z.B. ein Unterschied oder ein Zusammenhang, statistisch bedeutsam (d.h. signifikant) ist, ist die Frage interessant, wie groß er ist, d.h. welche praktische Relevanz er hat; dies wird durch Effektgrößen ausgedrückt.

Im Ergebnisteil qualitativer Untersuchungen wird ganz analog zunächst die Datenlage beschrieben (z.B. der Aufbau des Kategoriensystems und die Anzahl der Segmente in den einzelnen Kategorien), bevor diese Daten zueinander in Bezug gesetzt werden (z.B. Konzepte, die in den Konfigurationen deutlich werden) und die praktische Relevanz der Ergebnisse (z.B. besonders charakteristische Vorstellungen oder Interpretationen) eingeschätzt wird.

In manchen quantitativen Untersuchungen schließt der Ergebnisteil mit einem Zwischenfazit. Dieses Fazit benennt ganz kurz, ob die Hypothesen belegt oder die Forschungsfrage beantwortet wurde. Es dient gewissermaßen als Mini-Überleitung in den nächsten Textteil, die Diskussion.

Bemerkenswert an psychologischen Texten ist, dass diese zentrale Sektion sehr zurückhaltend formuliert wird. Formulierungen wie „Ich habe die These von X widerlegen können!“ oder „Meine Hypothesen sind vollkommen bestätigt worden“ kommen nicht vor. Die Ergebnisdarstellung beschränkt sich auf eine nüchterne Beschreibung.

Diese Beschreibung ist sehr komprimiert, weswegen das Lesen des Ergebnisteils viel Konzentration verlangt, gerade wenn man sich mit der Darstellung und den Abkürzungen oder der Weise, wie Tabellen und Abbildungen funktionieren, noch nicht sicher auskennt. Für Insider hingegen muss nicht mehr ausführlich erklärt werden, warum eine Hypothese belegt wurde. Meist reicht der Blick auf eine Zeile im Text und die dazugehörige Tabelle, um diese Frage zu beantworten. So kann man aus dem folgenden Satz die Signifikanz des Effekts und die Effektgröße leicht ablesen, ohne dass die Autor_innen umständlich auf die Höhe des Mittelwertunterschieds eingehen müssen: Männer (M = 2.68; SD = .36) nutzen Selbstregulationsstrategien seltener als Frauen (M = 2.85; SD = .37), $t(418)$ = 4.54; p < .01, d = .34.

Diskussion

Während die Ergebnisdarstellung lediglich aus der Beschreibung der wichtigen deskriptiven Werte, der statistischen Analyseergebnisse und dem Rückbezug auf die statistischen Hypothesen besteht, werden diese Ergebnisse in der Diskussion interpretiert. Hier wird erläutert, was sie bedeuten – z.B. wie sie sich auf die inhaltlichen Hypothesen oder Fragen beziehen, welche Unklarheiten aufgetaucht sind, wie das Ergebnis zu gewichten ist. Im Allgemeinen beginnt die Diskussion mit einer knappen Zusammenfassung des Ziels und der Ergebnisse der Untersuchung. Anders als im Ergebnisteil wird auf Zahlen, Tabellen und Abbildungen verzichtet. Vielmehr werden die Ergebnisse für ein mit psychologischer Forschung vertrautes Publikum allgemein verständlich zusammengefasst.

Es folgt die Darstellung der Schlussfolgerungen aus den Ergebnissen. Man kann zwischen konkreten und allgemeinen Schlussfolgerungen unterscheiden. Die konkreten Schlussfolgerungen sind sehr nah an den Daten. Dass eine Hypothese durch die Untersuchungsergebnisse belegt wurde, ist z.B. eine solche Schlussfolgerung.[7] Allgemeiner sind diejenigen Schlussfolgerungen, in denen es um die Bedeutung der Ergebnisse für die Forschung und die Theoriebildung sowie für die Praxis geht. Häufig sind diese Schlussfolgerungen als „Implikationen für die Forschung“ bzw. „Implikationen für die Praxis“ gekennzeichnet.

In einem weiteren Abschnitt der Diskussion werden die Grenzen der Untersuchung aufgezeigt. Der Abschnitt enthält eine kritische Würdigung der eigenen Untersuchung mit ihren Schwächen (aber auch Stärken) sowie Verbesserungsvorschläge für zukünftige Untersuchungen, die sich konkret aus den Schwächen der vor-

---

7 Es ist in der Psychologie übrigens sehr selten, dass eine Hypothese oder gar Theorie durch eine einzige empirische Untersuchung belegt oder widerlegt werden kann.

liegenden Untersuchung ableiten lassen. In der folgenden Tabelle finden Sie jeweils ein Beispiel für die unterschiedlichen Arten von Schlussfolgerungen aus den Ergebnissen und für die kritische Würdigung der eigenen Untersuchung.

Tabelle 1: Beispiele für die Schlussfolgerungen und die kritische Würdigung in der Diskussion

Schlussfolgerung für die Forschung
„Taken together, these findings extend prior experimental research in two important ways. First, they reveal that individuals differ in their use of suppression and reappraisal, that these individual differences are substantial and meaningful, and that they have systematic effects in naturally occurring (rather than experimentally manipulated) situations. Second, these findings reveal the longer term (rather than acute) consequences of using reappraisal and suppression in everyday life" (Gross & John, 2003, S. 360).
Schlussfolgerung für die Theoriebildung
„The theoretical significance of these results resides in their pointing to a self-regulatory strategy that mediates between formulating a goal and acting on it. Implementation intentions are likely to account for a substantial portion of variance of hitherto unaccounted-for variance. The concept of implementation intention also opens a new theoretical approach to volition by pointing to the processes by which goal strivers become attuned to stimuli (opportunities) relevant to their goal pursuits" (Gollwitzer & Brandstätter, 1997, S. 196).
Schlussfolgerung für die Praxis
„For future interventions at primary school level, students' need for encouragement and motivational support should be taken into account, while at secondary school level, interventions should build on the strategic repertoire that students have already acquired by then. For both school levels, long-term interventions should provide enough opportunities to practice and automate strategy use in order to facilitate transfer to other learning situations. In addition, the impact of metacognitive reflection should be acknowledged" (Dignath & Büttner, 2008, S. 258).

Kritische Würdigung der eigenen Untersuchung

„Our data from self and peers served to illustrate that the effects of these emotion regulation strategies are evident across independent data sources. However, these methods do not permit us to directly assess an individual's use of suppression and reappraisal strategies in the context of specific emotion regulation episodes. In future research, diary and experience sampling methods might be used to examine when and where individual differences in reappraisal and suppression use are most evident, and to map in detail the specific behaviors individuals use in their attempts to use these two strategies" (Gross & John, 2003, S. 361).

Die Reihenfolge der drei Abschnitte nach der Zusammenfassung – Grenzen, Implikationen für Forschung oder Theoriebildung, Implikationen für die Praxis – ist nicht festgelegt. Vielmehr bestimmt der Stellenwert, den ein bestimmter Teil einnehmen soll, seinen Platz in der Diskussion und seinen Umfang. In den meisten Fällen ist die Diskussion spiegelbildlich zur Einleitung: Während die Einleitung allgemein beginnt und im Verlauf immer konkreter wird, beginnt die Diskussion mit der Zusammenfassung der konkreten Ergebnisse und den konkreten Schlussfolgerungen. (Mehr dazu finden Sie im Abschnitt zur Einleitung sowie in Abschnitt 5.2 und 5.5). Es folgt die kritische Würdigung der Untersuchung. Den Abschluss bilden die allgemeinen Schlussfolgerungen für Forschung, Theoriebildung und Praxis.

Besteht ein Artikel aus mehreren Einzeluntersuchungen, z.B. weil verschiedene Aspekte einer Hypothese durch mehrere Experimente geprüft werden, sind die Diskussionen nach den einzelnen Untersuchungen oft kurz. Am Ende des Textes findet sich dann eine etwas längere Allgemeine Diskussion *(General Discussion)*, in der die Befunde geschlossen diskutiert werden.

Methoden

Der Abschnitt zu den Methoden ist zentral, weil sich die Psychologie durch strenge und oft aufwendige Forschungsmethoden auszeichnet. Ein Kernproblem psychologischer Forschung ist, wie psychische Prozesse und latente Konstrukte messbar gemacht werden können. Der Fachbegriff dafür ist Operationalisierung (⇨ 5.3). Diese Operationalisierung der Konstrukte wird im Methodenteil dargestellt. Auch ungewöhnliche Auswertungsmethoden werden erläutert. Wenn ein Methodenteil sehr knapp ist, weist das darauf hin, dass Standardmethoden verwendet wurden, deren Eignung nicht fraglich ist. Je ungewöhnlicher die Mess- und statistischen Methoden sind, umso ausführlicher müssen sie erläutert oder begründet werden.

Welche Bestandteile genau im Methodenabschnitt enthalten sind, unterscheidet sich je nach Untersuchungsart. Häufig finden sich die Beschreibung des Untersuchungsdesigns, der Stichprobe (und deren Auswahl), der Instrumente und des Materials sowie eine Zusammenfassung des konkreten Vorgehens und ggf. eine Vorstellung der statistischen Analysemethoden. Die Darstellung orientiert sich daran, anderen Personen zu ermöglichen, die Untersuchung nachzuvollziehen und zu replizieren.

Einleitung

Die Einleitung hat die Funktion, die eigene Forschung, die durch die Methoden umgesetzt wird, als begründet und notwendig darzustellen. In ihr wird gewissermaßen der Raum für die eigene Forschung abgesteckt. Weil man an der Struktur von Einleitungen sehr genau erkennen kann, was es eigentlich heißt, wissenschaftlich zu schreiben und wie Wissenschaft funktioniert, gehen wir sehr ausführlich auf sie ein.

Nach Sternberg (2005, S. 55) müssen Einleitungen mehrere Fragen beantworten, vor allem die, auf welcher Forschung die Arbeit aufbaut, was sie dem bisherigen Stand hinzufügt, warum sie wichtig ist und wie sie ihr Ziel erreicht.

Diese Fragen werden allerdings nicht immer offen und explizit beantwortet, sondern oft auf subtile Weise. Der Linguist Swales (1990) hat empirisch untersucht, wie Einleitungen typischerweise gestaltet sind. Sein Modell von Einleitungen – CARS-Modell nach „create a research space“ – ist so anschaulich und konkret, dass es sich als praktische Handreichung nutzen lässt. Es wird im Folgenden erläutert; wie Sie es beim Schreiben nutzen können, zeigen wir in Kapitel 5.2.

Tabelle 2: Verschiedene Modelle zu Struktur und Funktion von Einleitungen

• Auf welchen Texten baut die Arbeit auf? • Was fügt sie dieser Forschung hinzu? • Warum ist dieses Zusätzliche wichtig oder interessant? • Wie wird es erreicht?	• Territorium abstecken • Nische aufdecken • Nische besetzen	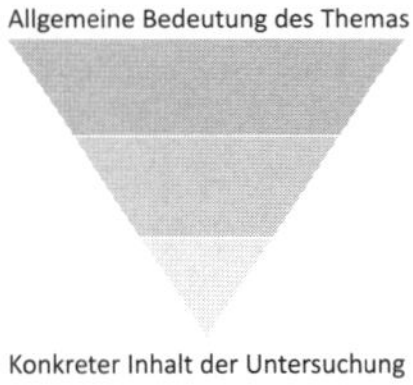
Aufgaben von Einleitungen nach Sternberg (2005)	Züge *(moves)* in Einleitungen nach Swales (1990)	Die Form von Einleitungen nach Swales (1990)

Grundsätzlich geht es in der Einleitung darum, eine Art Raum oder Platz für die eigene Forschung zu etablieren und zu rechtfertigen. Dazu werden nach Swales drei Bewegungen oder Züge („moves") ausgeführt, die jeweils einen bestimmten Zweck erfüllen: Es wird ein Territorium abgesteckt, eine Nische aufgedeckt und diese Nische besetzt.

Das **Territorium abzustecken**, ist der erste Zug. Für ihn stehen nach Swales drei verschiedene rhetorische Mittel oder Techniken zur Verfügung, die er Schritte („steps") nennt. Nicht jeder dieser Schritte ist erforderlich. In psychologischen Artikeln finden sich jedoch oft alle drei, und Schritt 1 ist oft tatsächlich der erste. Er besteht darin, das eigene Thema als zentral zu kennzeichnen. In psychologischen Artikeln wird dies oft dadurch erreicht, dass man die praktische oder auch alltägliche Relevanz eines Themas unterstreicht, aber es darf natürlich auch die innerwissenschaftliche Relevanz betont werden. Mit Schritt 2 werden sehr allgemeine Aussagen zum Thema getroffen, und Schritt 3 besteht darin, bisherige Forschung zusammenzufassen. In der folgenden Tabelle findet sich je ein Beispiel für diese Schritte. Den Forschungsstand zusammenzufassen, ist für eine kumulative empirische Wissenschaft wie die Psychologie sehr wichtig, so dass sich Schritt 3 eigentlich immer findet, wenn auch oft sehr komprimiert.

Tabelle 3: Beispiele für die Schritte des Zugs „Ein Territorium abstecken"

Zentralität beanspruchen
„Seitdem sich vor mehr als hundert Jahren die Psychologie als eigenständige Wissenschaft etabliert hat, gehört menschliche Intelligenz zu den zentralen Forschungsfeldern. Das öffentliche Interesse an diesem Gebiet war von Anfang an sehr groß, und in den letzten Jahren macht die Rede von der Intelligenz als dem wichtigsten Rohstoff einer postindustriellen Gesellschaft die Runde" (Stern & Neubauer, 2016, S. 15).
Allgemeine Aussagen treffen
„Lehrerinnen und Lehrer stehen unter besonders hohem beruflichem Stress und leiden teilweise sogar unter Burnout. Selbst im Vergleich mit anderen sozialen Berufen, die generell ein erhöhtes Risiko für Burnout haben, gehören Lehrer zu den am meisten gefährdeten Gruppen (vgl. Schaarschmidt & Fischer, 1996; de Heus & Diekstra, 1999)" (Abele & Candova, 2007, S. 108f.).
Auf frühere Forschung eingehen
„Die Diskussion über die professionelle Handlungskompetenz von Lehrkräften – ihre Dimensionen, Struktur und Genese – verläuft in Deutschland in sehr unterschiedlichen, sich praktisch nicht berührenden Bahnen. Entsprechend divergent sind die Ergebnisse, aber auch die Folgerungen, die daraus für die Aus- und Fortbildung von Lehrkräften gezogen werden" (Baumert & Kunter, 2006, S. 469).

Im zweiten Zug wird **eine Nische aufgedeckt** oder **hergestellt**. Eine solche Nische kann man finden, indem man (1) Argumente gegen eine bisherige Studie, eine Theorie oder Forschungsrichtung bringt, etwa weil ein wichtiger Einfluss übersehen oder eine einseitige Operationalisierung eingesetzt wurde, (2) eine Forschungslücke aufdeckt, etwa zeigt, dass ein bestimmtes naheliegendes Modell noch nicht auf ein Phänomen angewandt worden ist, (3) eine Frage oder Unklarheit formuliert, oder (4) sich explizit einer bestimmten Forschungsrichtung zuordnet. In der Regel genügt einer dieser Schritte; sie werden nicht kombiniert. Beispiele finden sich in der folgenden Tabelle.

Tabelle 4: Beispiele für die Schritte des Zugs „Eine Nische aufdecken"

Gegenargumente
„Es ist grundsätzlich zu kritisieren, dass die Mehrheit der Untersuchungen zur Effektivitätsprüfung psychomotorischer Fördermaßnahmen an relativ kleinen Stichproben durchgeführt wurde, unabhängig von den untersuchten Verhaltensbereichen. Dies bedeutet, dass die Ergebnisse nicht ausreichend repräsentativ sind, um über die einzelnen Studien hinaus verallgemeinerbare Aussagen treffen zu können" (Stachelhaus & Strauß, 2005, S. 197).
Forschungslücke
„Der Einfluss von beruflichen Zielen auf das Belastungserleben wurde bisher nicht untersucht. Studien zeigen jedoch, dass angehende oder fertige Lehrkräfte Integrationsziele und Teilzeitziele besonders hoch gewichten (vgl. Abele, Neunzert & Tobies, 2004; Greenglass, 2002; Schaarschmidt, 2004)" (Abele & Candova, 2007, S. 109).
Frage/Unklarheit
„1. Wie lässt sich die Emotionsregulation, d.h. die Kompetenz zur (willentlichen) Regulation eigener Emotionen, in einem Entwicklungsrahmen der menschlichen Selbstregulation verorten? 2. Welche Kompetenzen tragen im Verlauf der ontogenetischen Entwicklung dazu bei, dass Kinder und Jugendliche fähig werden, ihre Emotionen nach Maßgabe übergeordneter Motive selbständig regulieren zu können?" (Holodynski, Hermann & Kromm, 2013, S. 196).
Forschungsrichtung/Tradition
„Diese Fähigkeit zu einer selbständigen Emotionsregulation ist Teilaufgabe einer übergeordneten Entwicklungsaufgabe, die eigenen Motive in sozialkoordinierter und möglichst sozial akzeptierter Weise zu befriedigen (Bohart & Stipek, 2001; Caldarella & Merrell, 1997; Holodynski, 2006; Saarni, 1999). In diesem entwicklungspsychologischen Kontext widmet sich der vorliegende Beitrag den beiden folgenden Fragen" (Holodynski et al., 2013, S. 196).

Im dritten Zug schließlich **wird die Nische zur eigenen erklärt und dadurch besetzt**. Auch hierfür gibt es wieder verschiedene konkrete Möglichkeiten. Alle geben einen Ausblick auf die eigene Forschung, und zwar indem (1) deren Ziel oder Zweck umrissen wird, (2) die Forschung selbst skizziert wird, (3) die wichtigsten Ergebnisse zusammengefasst werden oder (4) ein Überblick über die Struktur des Artikels gegeben wird.

In vielen, wenn auch nicht allen Artikeln finden sich außerdem explizite Hypothesenformulierungen, die den Leser_innen Orientierung bieten. Auch eine Ergebniszusammenfassung ist durchaus üblich; die Struktur des Artikels – die als IMRD (*Introduction, Methods, Results, Discussion*) festgelegt ist – wird hingegen nur dann angegeben, wenn es sich um eine Serie von empirischen Untersuchungen handelt und deren Logik erläutert wird.

Tabelle 5: Beispiele für die Schritte des Zugs „Eine Nische besetzen"

Forschungszwecke umreißen
„Das Ziel unseres Beitrags ist es, populäre Thesen, wir nennen sie Mythen [...], zu den Auswirkungen des Internets auf den wissenschaftlichen Prüfstand zu stellen. Machen digitale Medien tatsächlich dick, dumm, aggressiv, einsam, krank und unglücklich?" (Appel & Schreiner, 2014, S. 1f.).
Forschung ankündigen
„Die vorliegende Arbeit versucht empirisch zu klären, welche Arbeitsgedächtnisfunktionen bei Kindern mit unterschiedlichen Formen von Schriftsprachschwierigkeiten beeinträchtigt sind. Diese differenzierte Perspektive auf Minderleistungen des Lesens und/oder Schreibens wird auch bei der Frage nach der Relevanz des IQ-Diskrepanzkriteriums eingenommen" (Brandenburg et al., 2013, S. 149).
Ergebnisse zusammenfassen
„The first three experiments provided unequivocal evidence for a top-down contingency of the nonconscious priming effect" (Ansorge & Neumann, 2005, S. 765).
Struktur des Artikels benennen
„Wir werden uns mit den folgenden drei weit verbreiteten Fehlannahmen über Intelligenz und ihre Messung auseinandersetzen: 1. Das Definitionsproblem: Es gibt viele Intelligenzen, und Psychologen können sich sowieso nicht auf eine einheitliche Definition einigen. 2. Die Abseitigkeitsannahme: Die Leistung in Intelligenztests hat nichts mit Kompetenzen im wahren Leben zu tun. 3. Die Ursachenverwirrung: Wenn Intelligenz ein in den Genen verankertes Merkmal ist, bleiben Umwelteinflüsse unwirksam" (Stern & Neubauer, 2016, S. 16)

Hypothesen benennen

„On the basis of our model and prior experimental work, Table 1 summarizes hypotheses about the consequences of individual differences in the use of reappraisal and suppression, focusing on three domains" (Gross & John, 2003, S. 350).

Das ebenfalls von Swales entwickelte **Sanduhr-Modell** (1990, S. 134) ist etwas allgemeiner gehalten als das CARS-Modell und bietet deswegen eine einfachere Orientierung. Nach ihm sind Einleitungen so angelegt, dass sie mit der allgemeinen **Bedeutung des Themas** beginnen und dieses schrittweise spezifizieren, bis sie beim **konkreten Inhalt** der eigenen Untersuchung angekommen sind. Das Thema ist das, was die (außer- oder innerwissenschaftliche) Bedeutung des Artikels ausmacht; der konkrete Inhalt entspricht der exakten Weise, auf die das Thema untersucht wird.

Ganz im Sinne der Sanduhr und des ersten Schritts im ersten Zug nach Swales (1990) beschäftigen sich die ersten Sätze oder Absätze eines Artikels oft mit der Frage, warum die eigene Forschung bedeutsam sein sollte. Das tun sie oft implizit, ohne dass direkt über diese Bedeutung gesprochen wird. So kann man

- Alltagssituationen erwähnen, in denen jedermann mit dem in Frage stehenden Phänomen oder Problem konfrontiert ist: „Imagine you are looking for your friend in a large shopping mall crowded with people" (Siebold, van Zoest & Donk, 2011); „One of the major reasons for people's desire or propensity to multitask is the perception of a shortage of time and an acceleration of the pace of daily life, also known as the ‚time squeeze' [...]" (Ie, Haller, Langer & Courvoisier, 2012, S. 1526);
- gesellschaftliche Entwicklungen nennen, zu denen sich die Psychologie verhalten sollte: „The robots are coming – what recently evolved as a highly popular headline in mass media around the world (e.g., Kelly, 2014; Miller, 2013; Newenham, 2014; Wakefield, 2014) mirrors an ongoing acceleration of technological progress: from self-driving vehicles and autonomous delivery drones to your spaceman lookalike robo-assistant able to serve your future tea, the industry announces their current prototypes

to become commonplace technologies within the next two decades“ (Mara & Appel, 2015, S. 3);
- die Häufigkeit des Problems betonen: „Lehrkräfte gehören zu den Berufsgruppen, die unter besonders viel Belastung leiden“ (Abele & Candova, 2007, S. 107).

Ausgehend von diesem „Aufhänger“ wird der Gedankengang in den folgenden Abschnitten immer spezifischer, bis man die wesentlichen Anlässe der eigenen Untersuchung als Forschungslücken, Fragen oder Hypothesen konkretisiert hat. Diese Untersuchung steht also exemplarisch für einen Teilaspekt des eingangs benannten wichtigen Problems. Je breiter ein Text beginnt, umso leichter holt er Leser_innen ab. Wenn er spezifischer beginnt, steht das konkrete Thema stärker im Vordergrund, und er ist für informierte Leser_innen besser zugänglich. Der Grat zwischen einem zu breiten Einstieg, der allgemein Bekanntes wiederholt oder mit Trivialitäten beginnt, und einem Text, dessen Einleitung zu viel Vorkenntnisse voraussetzt, kann schmal sein.

Baut eine Studie auf mehreren verschiedenen Aspekten auf, etwa einer neuen Methode und einem inhaltlichen Bereich oder zwei bislang nicht zusammengebrachten Konzepten, kann sich das Sanduhr-Prinzip auch mehrfach wiederholen. Die Diskussion oder Allgemeine Diskussion ist, wie oben bereits erwähnt, bei diesem Modell spiegelbildlich zur Einleitung aufgebaut.

Analysieren Sie zur Übung die moves in der Einleitung von Originalartikeln, die für Ihre Qualifikationsarbeit wichtig sein könnten (Beispieltexte finden Sie in ⇨ 11.3). Wie wird das Territorium abgesteckt, wie die Nische aufgedeckt und wie machen die Autor_innen sich die Nische zu eigen? Finden Sie die Schritte zu den *moves* wieder (Tabellen 3–5), und fallen Ihnen noch weitere Schritte auf?

3.3 Die Kernstruktur in verschiedenen Textarten

In **Forschungsartikeln** wie Originalstudien und Metaanalysen lassen sich die vier Abschnitte Einleitung, Methoden, Ergebnisse und Diskussion leicht identifizieren. Wann und warum fehlen sie in anderen Texten?

Reviews enthalten in der Regel keine Methoden- und Ergebnissteile, weil sie keine eigenen Daten präsentieren. Einleitung und Diskussion funktionieren aber ähnlich wie geschildert, weil auch hier die eigene Forschung, d.h. das Zusammenfassen der Ergebnisse als wichtig und notwendig gekennzeichnet werden muss. **Metaanalysen** hingegen verwenden statistische und weitere Methoden und haben deswegen eine echte IMRD-Struktur. Das gilt trotz ihrer Kürze auch für **Abstracts**, in denen zwar Methoden und Ergebnisse nur angedeutet werden, sich aber zumindest erahnen lassen. *Exposés* und **Forschungsanträge** (⇨ 3.5) konzentrieren sich primär auf den Einleitungsteil von Forschungstexten, da es hier darum geht, eine Forschungslücke zu identifizieren und eigene Forschung zu begründen. Auch die Methoden werden zumindest skizziert – und dies ist auch wichtig: Die Qualität der Forschung hängt von den Methoden ab, z.B. davon, welche Aspekte einer Frage sich mit einer bestimmten Methode überhaupt beantworten lassen. Viele Fortschritte in der Psychologie wurden durch methodische Weiterentwicklungen ermöglicht.

Gutachten sind ein besonders interessanter Fall. Hier fehlt die Einleitung im Sinne einer Herleitung oft ganz. Macht man sich aber klar, warum sie fehlt, wird auch deutlich, was die Funktion von Einleitungen in anderen Textformen ist. Gutachten benötigen keine Einleitung, weil sie von einem kanonischen, d.h. allgemein bekannten Wissen ausgehen können: Es ist festgelegt und bekannt, welche Methoden verwendet werden und welche Diagnosen möglich sind. Deswegen ist es nicht mehr nötig, mit den potentiellen Leser_innen – die zudem das Gutachten in Auftrag gegeben haben – einen gemeinsamen Wissensstand „aufzubauen". Einen solchen gemeinsamen Wissensstand gibt es übrigens in allen Artikeln – so wird in quantitativen Forschungsartikeln beispielsweise vorausgesetzt, dass alle Leser_innen wissen, dass die Psychologie eine empirische Wissenschaft ist, die statistische Methoden verwendet, und die verbreitetsten statistischen Verfahren kennen. Auch über die grundsätzlichen Absichten von Grundlagen- und Anwendungsforschung braucht man sich nicht zu verständigen. Welche konkreten Theorien oder Modelle die Bezugspunkte der eigenen Forschung bilden, wie diese sich im Einzelfall motiviert, welche konkreten Methoden gewählt werden, ist kein solches kanonisches Wissen und muss deswegen im Artikel mit den Leser_innen gewissermaßen vereinbart werden.

Lehrbuch- und Handbuchkapitel weisen ebenfalls keine IMRD-Struktur auf. Das liegt einerseits daran, dass sie keine neuen Daten präsentieren, sondern einen umfassenden Überblick über bereits veröffentlichte Daten und Theorien bieten. Auch die Diskussion fehlt – es ist nicht Aufgabe eines Lehrbuchs oder Lehrbuchkapitels, Evidenz zu diskutieren, sondern das Wissen darzustellen, das als gesichert gelten kann. Dennoch können offene Forschungsfragen angeschnitten werden. Eine Einleitung hingegen haben auch Lehrbuchkapitel; diese Einleitung enthält manchmal eine Übersicht oder fasst die Zielsetzungen des Kapitels zusammen. Es handelt sich also nicht um eine Einleitung im Sinne des IMRD-Schemas, sondern um eine kurze Einführung in den Text.

3.4 Eine glatte Geschichte?

Veröffentlichte psychologische Forschungsartikel erzählen oft eine plausible und ausgesprochen glatte Geschichte: In einem Forschungsfeld werden Lücken identifiziert und als clevere Frage oder interessante Hypothesen ausformuliert. Daraufhin wird eine Methode der empirischen Überprüfung entwickelt, beispielsweise ein neues experimentelles Paradigma oder eine kluge Operationalisierung, die Daten werden erhoben, analysiert, getestet und interpretiert. In der Regel bestätigen die Ergebnisse die Hypothesen.[8] Am

8 In psychologischen Originalartikeln werden verblüffend wenig nicht signifikante Forschungsergebnisse berichtet (z.B. Francis, 2012), so dass die veröffentlichte Literatur vermutlich ein verzerrtes Bild der tatsächlichen Forschung abgibt. Ergebnisse können durch problematische statistische Praktiken verfälscht werden, etwa das Hinzufügen von Versuchspersonen bei *p*-Werten knapp oberhalb des Signifikanzniveaus oder das Durchführen zahl-

Ende sind die Verfasser_innen sogar so ehrlich, die Unzulänglichkeiten der eigenen Untersuchung selbst hervorzuheben – oft kleinere Probleme, die sich durch weitere Forschung beheben lassen.

Was hier aussieht wie die Geschichte einer Entdeckung, ist primär einer Rhetorik der Rechtfertigung zu verdanken; tatsächliche Forschung verläuft weniger reibungslos und unkompliziert, als es in solchen Artikeln dargestellt wird: „[...] no matter how carefully you plan, research follows a crooked path, taking unexpected turns, sometimes up blind alleys, even looping back on itself" (Booth, Colomb, Williams, Bizup & FitzGerald, 2016, S. 4). In einem Bild von Sternberg: „If one were to take journal articles at face value, one would conclude that scientific results come in neat, attractively wrapped packages. One need only go through a uniform series of well-defined steps in order to ensure delivery of such packages" (2005, S. 16).

Es ist nicht Aufgabe eines Forschungsartikels, von Fehlschlägen bei einem Experiment zu berichten, dessen Instruktion missverständlich war, oder von einer Befragung, deren Daten nicht ordentlich gespeichert wurden, ebenso wenig wie er die anstrengende und anfänglich von Fehlschlägen gekennzeichnete Suche nach einer eleganten Operationalisierung beschreiben soll. Diese Entdeckungsgeschichte wird in Artikeln zu Recht nicht berichtet, sondern diese konzentrieren sich auf den Begründungszusammenhang. Für Sie ist wichtig, diese beiden Kontexte nicht zu verwechseln. Wenn es Ihnen nicht gelingt, in Ihrer Forschung „neat, attractively wrapped packages" im Sinne des obigen Zitats von Sternberg zu produzieren, dann schreiben Sie das nicht vorschnell eigenen Fehlern zu. Denken Sie außerdem sorgfältig darüber nach, welche Aspekte der tatsächlichen Forschungsgeschichte belanglos und welche möglicherweise bedeutungsvoll sind – es ist nicht immer leicht zu entscheiden, worüber die Leser_innen unterrichtet sein müssen. Auch Sternberg

reicher Tests, von denen nur die signifikanten berichtet werden (*p-hacking*, Simmons, Nelson & Simonsohn, 2011). Eine sehr lesenswerte Übersicht über problematische Forschungspraktiken bieten Ulrich et al. (2016). Interessierten seien auch die schon älteren, aber gleichbleibend aktuellen Artikel von Gigerenzer empfohlen (1998, 2004; Gigerenzer, Kraus & Vitouch, 2004). Gutachter_innen und Herausgeber_innen tragen zu diesem Missstand bei, wenn sie die Veröffentlichung nicht signifikanter Ergebnisse ablehnen.

merkt dies an (2005, S. 116), und Fiedler (2011) hat einen lesenswerten Artikel dazu geschrieben, wie Forscher_innen durch ihre Intuitionen und nicht dokumentierten Entscheidungen im Prozess der Entwicklung einer Untersuchung dazu beitragen, dass erfolglose Operationalisierungen nicht berichtet werden, während erfolgreiche berichtet werden, so dass veröffentlichte Effekte schnell überschätzt werden.

3.5 Welche Texte Sie im Psychologiestudium schreiben

Im Psychologiestudium lesen Sie viele der oben dargestellten psychologischen Textsorten. Schreiben werden Sie hauptsächlich Berichte über Forschung (Hausarbeit, Referatsausarbeitung) oder Praktika (z.B. für ein empirisches oder berufsbezogenes Praktikum) sowie die Bachelorarbeit und die Masterarbeit. In manchen Veranstaltungen schreiben Studierende auch Protokolle, Reflexionsberichte, Gutachten oder Vorschläge für zukünftige Forschung (Exposé, *research proposal*). Kurze Texte heißen zuweilen auch Essays, wobei diese Bezeichnung von Lehrenden sehr unterschiedlich verwendet wird. Den Texten im Studium gemein ist, dass sie mehrere Funktionen gleichzeitig erfüllen. Sie dienen zum einen dem Wissens- und Kompetenzerwerb der Studierenden, zum anderen der Leistungsüberprüfung und -bewertung durch die Dozent_innen. Somit richten sich die Texte sind in erster Linie an Dozent_innen der Hochschule, die diese Texte bewerten oder benoten.

Machen Sie sich Ihre Ressourcen und die weißen Flecken auf der Landkarte Ihrer Schreiberfahrungen bewusst: Welche Texte haben Sie im Studium bereits geschrieben? Was ging Ihnen dabei leicht von der Hand? Welche Texte waren Durststrecken oder Stolpersteine? Was haben Sie gelernt beim Schreiben der Texte und können es jetzt besser als vorher?

In einer **Hausarbeit** oder **Literaturarbeit** bearbeiten Sie eine Fragestellung zu einem Thema, das meist Bestandteil einer Veranstaltung war. Es kann sich dabei um eine schriftliche Ausarbeitung eines Referats handeln, das Sie in einem Seminar, alleine oder mit Kommiliton_innen zusammen, gehalten haben. Bereits für das Referat haben Sie wichtige Inhalte zu dem Thema aus unterschiedlichen Texten (⇨ 3.1) zusammengetragen und aufbereitet. Diese können Sie nun systematisieren und in der Hausarbeit darstellen. Sie enthält keine eigene empirische Forschung.

Ein Sonderfall der Hausarbeit ist der **Praktikumsbericht**. Er geht über das Referieren von Wissen für die Hausarbeit hinaus. Vielmehr denken Sie kritisch über im Praktikum erworbenes Wissen nach, versuchen es nachzuvollziehen, mit bereits vorhandenem Wissen zu verknüpfen und in einen Gesamtzusammenhang einzubetten, z.B. in Bezug auf die Nützlichkeit des Wissens für die zukünftigen Aufgaben im Beruf.

In einigen Fällen bereiten sich Studierende durch Texte auf ihre Forschung vor (**research proposal**). Ein *research proposal* folgt dem Aufbau eines empirischen Originalartikels (⇨ 3.2). Im Unterschied zu einem empirischen Originalartikel berichten Sie nicht über die Untersuchung, sondern stellen ausführlich dar, wie Sie die Forschungsfrage untersuchen würden, machen also Angaben zur Stichprobe, zum Untersuchungsdesign, den Instrumenten und den statistischen Analysemethoden, die sich zur Beantwortung der Forschungsfrage und zum Testen der Hypothesen eignen würden. Das **Exposé**, das viele Studierende als Vorbereitung auf die Bachelor- und die Masterarbeit erstellen, ist ein solches *research proposal*. Es ist wesentlich kürzer als die Abschlussarbeit selbst. Der Theorieteil fällt meist ausführlicher aus als der eines empirischen Originalartikels, der nach der Durchführung einer Untersuchung geschrieben wird, aber nicht ausführlicher als derjenige der Bachelor- oder Masterarbeit.

Für einen **Forschungsbericht** (zum empirischen oder experimentalpsychologischen Praktikum) haben Sie unter Anleitung eine eng umrissene Fragestellung untersucht und stellen die Ergebnisse im Bericht dar. Der Forschungsbericht ist wie der empirische Originalartikel aufgebaut.

Die **Bachelor- und die Masterarbeit** sind Qualifikationsarbeiten. Sie gelten als Nachweis, dass die Studierenden wissenschaftlich arbeiten können, d.h. eine (empirische) Fragestellung der Psychologie selbständig bearbeiten können. Dazu forschen die Studierenden unter Anleitung an einer eigenen Fragestellung. Fragestellungen und Untersuchungsdesign einer Bachelorarbeit sind weniger aufwendig als in einer Masterarbeit. Die Studierenden durchlaufen für beide Arbeiten den gesamten Forschungsprozess. Dazu gehören das Recherchieren von Literatur, das Lesen und Beurteilen von (deutsch- und englischsprachiger) Fachliteratur, das Ableiten einer Forschungsfrage und das Aufstellen von Hypothesen, das Planen und Durchführen einer Datenerhebung zur Überprüfung der Hypothesen (z.B. im Rahmen eines Experiments oder einer Fragebogenstudie) sowie das schriftliche Darstellen und Diskutieren der Ergebnisse in Orientierung an den Richtlinien zur Manuskriptgestaltung und den Adressat_innen der Arbeiten (⇨ Kap. 5). Meist orientieren sich diese Arbeiten am Aufbau eines empirischen Originalartikels (⇨ 3.2). In vielen Fällen sollen die Arbeiten in Aufbau, Substanz und Qualität einem tatsächlichen Manuskript zur Einreichung eines empirischen Originalartikels gleichen. Einige Qualifikationsarbeiten werden auch tatsächlich bei einer Zeitschrift eingereicht und manche davon sogar veröffentlicht.

Zur Vorbereitung auf die Bachelor- und die Masterarbeit erstellen viele Studierende ein Exposé (auch: *research proposal*). Dieses kann als Grundlage für das Planungsgespräch mit der wissenschaftlichen Betreuerin bzw. dem wissenschaftlichen Betreuer dienen.

4. Wie und warum man vom Lesen von Texten zum Schreiben kommt

In der englischen Diskussion findet sich eine anschauliche Bezeichnung dafür, was wissenschaftliches Schreiben auszeichnet: „writing from sources“, Schreiben anhand von Texten[9] oder Forschungsliteratur. Dieser Umgang mit Forschungsliteratur ist anspruchsvoll, aber erlernbar. Eigene Ideen und Gedanken spielen für das Schreiben jedoch ebenfalls eine wichtige Rolle. Beide Arten des Schreibens werden im Folgenden erläutert, und zwar aus Gründen der Klarheit nacheinander, auch wenn sie in der tatsächlichen Schreibarbeit sehr eng verknüpft sind: Sie werden eigene Ideen meist aus der Arbeit mit Texten entwickeln, und beim eigenen Nachdenken kommen Sie auf neue Ideen, zu denen Sie Literatur suchen und lesen.

„Zwerge auf den Schultern von Riesen“ – diese von verschiedenen Denkern der europäischen Tradition überlieferte Formulierung beschreibt die Situation, in der sich *jede* Person befindet, die einen wissenschaftlichen Text schreibt. Fachwissen wird heute meist in Form von Texten weitergegeben. Kein solcher Text entsteht aus dem Nichts. Sie alle bauen auf Leistungen auf, die andere bereits erbracht haben: Es wurden zentrale Begriffe definiert und operationalisiert, Theorien und Modelle entwickelt und geprüft oder widerlegt, interessante Einzelbefunde publiziert, deren Bedeutung sich noch nicht genau erfassen lässt, Erhebungsinstrumente entwickelt und geprüft, statistische Methoden verfeinert, kritisiert oder gänzlich neu entwickelt, neue Forschungsfragen und -ideen erdacht und vieles weitere mehr. Ob man den Autor_innen zustimmt oder nicht, ist zunächst einmal unwesentlich – wichtig ist, dass man sich ihre Leistungen zunutze machen kann, alle eigenen Gedanken mit denen anderer verbunden sind und diese Tatsache im eigenen Text kennt-

9 Der Begriff „Quelle“ bezeichnet im Deutschen Originalmaterial, also gerade nicht den gelesenen Forschungs-, Handbuch- oder Lehrbuchartikel. Deswegen übersetzen wir „sources“ hier sehr allgemein als „Texte“.

lich gemacht werden muss. Dies ist ein Kernmerkmal wissenschaftlichen Arbeitens.

Das Bild der Zwerge auf den Schultern von Riesen unterschlägt aber etwas: Forschung bedeutet auch, mit anderen zu kommunizieren, und Wissenschaft zeichnet sich dadurch aus, dass die Beiträge *aller* gehört werden, unabhängig von Alter und Status. Entsprechend kann man sich vorstellen, dass man nicht auf den Schultern von Riesen sitzt und angestrengt in die Ferne starrt, sondern in eine lebhafte und freundliche Konversation eintritt, die – wie wenn man spät zu einem Abend mit Bekannten kommt – schon eine Weile läuft. Das Bild des Gesprächs, in das man sich einschaltet, während es schon läuft, stammt von Booth et al. (2016, S. 108).[10]

Dieses Einschalten in ein Gespräch findet beim Schreiben durch das Zitieren statt. Zitieren und das Vermeiden von Plagiaten sind für Studierende ein zentrales Thema, und das völlig zu Recht. Es ist zudem in der jüngeren Vergangenheit deutlich relevanter geworden, weil durch das World Wide Web viel Material schnell verfügbar ist, aus dem man durch „copy & paste" leicht abschreiben kann. Durch teils unangemessen heftige Reaktionen von Hochschulen und Öffentlichkeit auf Plagiate wurde die Unsicherheit von Studierenden noch einmal verschärft.

Wie gestalte ich Literaturangaben? Wann zitiere ich wörtlich, wann nicht? Wie viel eines Textes darf aus wörtlichen Zitaten bestehen? Als Wissenschaftler_in denken Sie auf der Basis der Gedanken, Befunde und Texte anderer Menschen, und es wird der Anspruch an Sie gestellt, mit diesen richtig umzugehen. Im Folgenden geben wir Ihnen Hinweise, wie Sie diese – und andere – Fragen für sich beantworten können und formulieren auch einige konkrete Tipps.

10 Bean, Chappel und Gillam (2014, S. 6f.) verwenden ein Bild mit einer anderen Note, das des erhitzten Gesprächs, das schon eine Weile läuft, und in dem niemand mehr Zeit hat, dem Neuankömmling zu erklären, worum es geht, und auch eigentlich niemand mehr weiß, wie man an den Punkt gekommen ist, an dem man sich befindet. Es erfasst vermutlich besser, wie man sich fühlt, wenn man sich gerade in einen Diskurs einarbeitet. Das Bild von Booth et al. (2016) zeigt eher auf, wie man sich die eigene Situation vorstellen sollte, um es sich leicht zu machen.

4.1 Literatur finden

Um Texte lesen zu können, müssen Sie diese Texte finden (recherchieren). Dazu bieten sich zahlreiche Möglichkeiten an. Anders als noch vor wenigen Jahrzehnten, als sich Student_innen und Forscher_innen durch die Katalogzettel der Universitätsbibliotheken arbeiteten, reicht heutzutage das Eintippen des Suchbegriffs in eine Onlinedatenbank und in kürzester Zeit liegt eine Menge an Texten vor, in denen der Suchbegriff vorhanden ist. Auch wenn das Finden von Texten daher kein Problem mehr sein mag, so ist das Identifizieren von in Inhalt und Qualität passenden Texten ungleich schwieriger geworden. Anfänger_innen sind damit oft überfordert.

Die folgenden Abschnitte ersetzen keine Einführungsveranstaltung zur Literaturrecherche; daher legen wir Ihnen ans Herz, eine solche zu besuchen. Diese Veranstaltungen werden von der Bibliothek Ihrer Hochschule angeboten. Sie lernen dort nicht nur die wichtigsten Zugänge für die Literaturrecherche in der Psychologie kennen, sondern auch Recherchestrategien und praktische Tipps, mit denen Sie bereits bei der Formulierung des Suchbegriffs die Suche präzisieren können. Achten Sie darauf, dass es sich bei der Veranstaltung um eine auf die Datenbanken der Psychologie zugeschnittene Veranstaltung handelt.

Für Ihre Recherche stehen Ihnen unterschiedliche Datenbanken zur Verfügung. Datenbanken dienen dazu, Literatur zu sammeln und aufzubereiten. Sie erfassen diese Literatur nach bestimmten Kriterien (z.B. Qualitätskriterien, aber auch Alter, Textart) und indizieren sie mit wichtiger Information (Autor, Titel, Veröffentlichungsart, vor allem aber Schlüsselbegriffe/*keywords*). In Datenbanken kann man gezielt nach Information suchen.

Der Katalog der Bibliothek kann eine erste Anlaufstelle sein. Psychologiespezifische Datenbanken, sogenannte Fachdatenbanken, sind z.B. PsycINFO, PsycArticles und PSYNDEX. Für eine möglichst breite Suche in unterschiedlichen Medien eignet sich PsycINFO. Diese Fachdatenbank wird von der APA (American Psychological Association) betreut. Sie verzeichnet Zeitschriftenaufsätze, Bücher, Buchkapitel, Buchbesprechungen, Forschungsberichte, Fallstudien etc. zur Psychologie und verwandten Gebieten. Nicht alle darin verzeichneten Werke sind leicht zugänglich (z.B. Dissertationen aus den USA).

Möchte man die Recherche auf Artikel aus Zeitschriften beschränken, die direkt abrufbar sind, ist man bei PsycArticles richtig. Dabei handelt es sich um eine Volltextdatenbank der APA, in der Zeitschriftenbeiträge aus allen Gebieten der Psychologie, ab 1894, enthalten sind. Allerdings sind nicht alle deutschsprachigen Verlage in PsycINFO oder PsycArticles vertreten. Ferner sind weder in PsycINFO noch in PsycArticles psychologische Testverfahren verzeichnet.

Daher lohnt sich ein Blick in PSYNDEXplus. Diese Fachdatenbank enthält Nachweise zu psychologischer Literatur und Testverfahren (Tests, Skalen, Fragebögen, apparative Verfahren, Methoden der computergestützten Diagnostik und diagnostische Klassifikationssysteme) aus dem deutschsprachigen Raum sowie psychologisch relevante audiovisuelle Medien aus allen Gebieten der Psychologie einschließlich psychologisch relevanter Aspekte aus Nachbardisziplinen. Die Datenbank ist in deutscher und englischer Sprache abfragbar. Sie wird vom Leibniz-Zentrum für Psychologische Information und Dokumentation (ZPID; s. Fußnote 4 auf S. 20) verwaltet.

Wenn man schon viele unterschiedliche Textarten gelesen hat, sich mit der Kernstruktur psychologischer Texte auskennt und sich intensiv mit empirischen Originalartikeln sowie mit der Aussagekraft ihrer Ergebnisse auseinandergesetzt hat, ist man ausreichend versiert im Erkennen adäquater Texte, um auch mit der Suchmaschine Google Scholar schnell Literatur zu einem Themengebiet zu finden. Dies muss jedoch durch eine Suche in den oben genannten Datenbanken ergänzt werden, weil man sonst wichtige Texte übersehen könnte. Natürlich können Sie auch unspezifische Suchmaschinen nutzen. Für ein erstes Herantasten an das Themengebiet ist dies in Ordnung. Bedenken Sie jedoch, dass diese Suchmaschinen die Qualität der Ergebnisse nicht prüfen und auch solche Webseiten und Texte auflisten, die wenig, manchmal auch gar nichts mit dem eingegebenen Suchbegriff zu tun haben. Einen fundierten Überblick über die Literatur und den Forschungsstand zu einem Thema erhält man auf diese Weise nicht. Daran ändern auch einige gute Treffer nichts.

Für das Recherchieren in Fachdatenbanken, besonders aber für das Recherchieren mit spezifischen und unspezifischen Suchmaschinen gilt: Je besser man sich in einem Themengebiet auskennt, desto besser kann man den potentiellen Erkenntnisgewinn durch einen Text und seine Qualität erkennen. Je weniger man sich auskennt, umso länger dauert die Suche und umso intensiver muss man die Fundstücke lesen. Was die zentralen Texte in einem Bereich sind, erschließt sich nicht von allein, sondern durch aufmerksame Lektüre. Es können solche sein, die häufig zitiert werden (dafür gibt es in den Datenbanken eigene Angaben, in PsycINFO beispielsweise unter dem Link „Times cited in this Database“). Hilfreich ist auch, in Texten danach zu schauen, wie oder zu welchem Zweck die Untersuchungen angeführt werden. Wenn sie dazu dienen, einen speziellen Punkt zu belegen, sind sie vermutlich weniger zentral als wenn sie bei den Grundlagen der Forschung angeführt werden. Seien Sie nicht beunruhigt, wenn Sie nicht schnell feststellen können, ob ein Text zentral ist – die Antwort auf diese Frage benötigt Expertise, die Sie durch legitime periphere Teilhabe und erst mit der Zeit erwerben.

4.2 Literatur lesen

Schreiben beginnt mit Lesen, und Lesen benötigt Schreiben, denn nur durch Schreiben können Sie sich komplexe Inhalte wirklich erschließen. In allgemeinen Schreibratgebern wird oft empfohlen, zu gelesenen Texten **Exzerpte** anzulegen, und viele Programme bieten Möglichkeiten, diese direkt mit der Literaturverwaltung zu verbinden (Citavi, EndNote, Litlink). Exzerpte (von lat. excerpere, auswählen, herausnehmen) sind strukturierte und kritische Zusammenfassungen eines Textes. Aussagen und Argumentation des Textes werden dabei in eigenen Worten wiedergegeben. Aus Praktikabilitätsgründen wird oft empfohlen, nicht den gesamten Text zu exzerpieren, sondern lediglich was für die eigene Forschungsarbeit (voraussichtlich) relevant wird. Wenn man später dann den eigenen Text schreibt, kann man – wohlgeordnete und gute Exzerpte vorausgesetzt – die Originaltexte beiseitelegen und sich lediglich mit den Exzerpten befassen.

In der Psychologie sind Exzerpte allerdings weniger sinnvoll als in anderen Wissenschaften. Psychologische Originalartikel sind, wie oben (⇨ 3.2) bereits dargestellt, stets nach demselben Schema organisiert, so dass sich viele zentrale Aussagen und Befunde leicht markieren oder wiederfinden lassen. Auch die Argumentationsweise ist stark standardisiert. Was sich jedoch übernehmen lässt, ist die Empfehlung, eine **kritische Zusammenfassung in eigenen Worten** zu schreiben. Das ist deswegen wichtig, weil man mit dieser dafür sorgt, dass man den gelesenen Text versteht – anders als mit einer Sammlung wörtlicher Zitate, bei der man oft eher vage ahnt, worum es geht, als dass man den Inhalt wirklich verstanden hat. Um Texte zusammenzufassen, muss man nicht nur Teile der gelesenen Texte auslassen, sondern insbesondere *konstruieren*, d.h. Sätze aus dem Text durch eigens formulierte, einzelne Aussagen ersetzen, und *generalisieren*, d.h. Aussagen durch allgemeinere Aussagen ersetzen. Dies verlangt Fingerspitzengefühl: Eine zu starke Generalisierung führt zu leeren Aussagen, und Konstruktionen, die zu stark verdichten, münden in schwer verständliche Sätze. Die Fähigkeit, gleichzeitig konkret genug und allgemein genug zu formulieren, entwickelt sich durch Übung und insbesondere fachliche Kenntnis.

Zusammenfassungen fokussieren in der Regel auf die Forschungsfrage, ihre allgemeine Bedeutung und das zentrale Ergebnis der Untersuchung. Sie können durch Anmerkungen zu den Methoden ergänzt werden. Kein Teil der Zusammenfassung sind Fragen, Kritik und eigene Ideen; es ist aber sinnvoll, sie sofort zu notieren.

Textorientierte Zusammenfassungen orientieren sich an dem, was die Autorin bzw. der Autor mitteilen will. **Interessenorientierte Zusammenfassungen** konzentrieren sich auf das, was für Sie als Leser oder Leserin wichtig ist. Viele Texte werden Sie nicht deswegen lesen, um ihren gesamten Inhalt weiterzuverarbeiten, sondern weil Ihnen ein einzelner Aspekt wichtig ist, etwa eine bestimmte Erhebungsmethode oder die Ergebnisse zu einer Subgruppe. In diesem Fall genügt es, interessenorientiert zusammenzufassen.

Eine interessante Variante dieses Zusammenfassens, die der Anglist und Schreibdidaktiker Bean (2011) empfiehlt, besteht darin, einen Text in sehr wenigen Sätzen oder sogar nur einem Satz zusammenzufassen. Der Vorteil eines einzigen Satzes ist die hohe kognitive

Aktivität, die in ihn eingeht: Weil man bei allen Details entscheiden muss, ob sie notwendig sind oder nicht bzw. wie sie so kurz wie möglich dargestellt werden können, denkt man intensiv über das wirklich und weniger Bedeutsame an dem Text nach. Diese Strategie ist auch deswegen nützlich, weil ihr Endergebnis genau das ist, was in psychologischen Texten so verbreitet ist: eine Studie in einem Satz (dies wird unten noch erläutert ⇨ Tab. 6). Eine derart dichte Zusammenfassung wie im Beispiel von Bean ist das Ergebnis mehrerer Verdichtungsschritte. Fangen Sie damit an, auf einer halben oder ganzen Seite das Wichtigste wiederzugeben und streichen Sie in mehreren Schritten, was für Ihre Zwecke weniger wichtig ist, generalisieren Sie Aussagen und finden Sie kürzere Formulierungen.

Achten Sie darauf, nicht allein Befunde zusammenzufassen, sondern denken Sie auch an den konzeptuellen Erkenntnisgewinn. Oft neigt man dazu, sich eng an die Daten zu halten, aber natürlich geht es der Psychologie nicht allein um Daten, sondern darum, diese durch Konzepte, Modelle und Theorien zu erklären: Tatsachen dienen Erklärungen und stehen nicht für sich (Sternberg, 2005, S. 9f.) – auch wenn sich in einigen Bereichen der Psychologie ein stark faktensammelnder Stil entwickelt hat.

Psychologische Originalartikel beginnen in der Regel mit einem Abstract, also einer textorientierten Zusammenfassung. Kann man diese einfach abschreiben? Nein, und zwar aus zwei Gründen. Zum einen spart man sich dadurch die kognitive Aktivität, die ja gerade der Sinn des Zusammenfassens ist. Zum anderen sind Abstracts oft nicht allgemein genug formuliert, da sie ja über die konkrete Forschung informieren sollen. Naturgemäß haben sie keinen hinreichend spezifischen Bezug zu Ihren Interessen und dem Kontext Ihrer Arbeit. Und gerade das schrittweise Zusammenfassen hilft, sich über die wichtigen und weniger wichtigen Aspekte Klarheit zu verschaffen. Probieren Sie es aus – das Knobeln an einem Satz kann viel Spaß machen, und Sie werden schnell merken, was Sie dadurch lernen!

Mind-Maps sind eine Form der Zusammenfassung, die Strukturen und Zusammenhänge in den Vordergrund rückt; sie können deswegen auch gut genutzt werden, um sich einen Text zu erschließen, etwa als Netzwerk der wesentlichen Begriffe. Geben Sie dabei auch Beziehungen an – was ist ein Oberbegriff, was ein untergeordnetes

Konzept, wo finden Sie Widersprüche, Kausalitäten, Beispiele? Ein Nachteil von Mind-Maps ist, dass sie lediglich aus Begriffen und wenigen Beziehungen bestehen. Wissenschaftliche Sachverhalte lassen sich mit dieser sparsamen Information kaum darstellen, was man gut daran erkennt, dass die Mind-Maps anderer Personen sich einem oft nicht erschließen. Bei den eigenen weiß man, was man gemeint hat; allerdings geht auch diese Erinnerung mit der Zeit oft verloren.

In Schreibratgebern wird als Lesestrategie empfohlen, Texte zu **gliedern**, etwa durch eigene Zwischenüberschriften. Da psychologische Texte eine festgelegte Struktur haben und manchmal in Einleitung oder Diskussion sogar Zwischenüberschriften setzen, empfiehlt sich dieses Verfahren nicht direkt. Allerdings kann es innerhalb der Einleitung oder der (Allgemeinen) Diskussion angewandt werden, etwa um die einzelnen Züge und Schritte des CARS-Modells oder die Verengung und Ausweitung nach dem Sanduhr-Modell genauer zu analysieren (⇨ 3.2, S. 35). Sicherlich werden Ihnen dabei zusätzliche Kategorien auffallen, die die Autor_innen einsetzen, um die Züge und Schritte auszuführen – etwa Fallbeispiele (zum Beispiel als „Aufhänger" eines Artikels), die chronologische Schilderung einer Forschungslinie, Definitionen von Konstrukten und ähnliches. Solche Zwischenüberschriften können dann beinahe absatzweise vergeben werden.

Versuchen Sie, die wesentlichen Teile eines Textes von seinen weniger wesentlichen Teilen zu unterscheiden. Das kann man durch **Unterstreichen** oder **Markieren** tun. Diese Lesestrategie hat den Nachteil, dass sie wenig Auseinandersetzung mit dem Text verlangt, vor allem, wenn man sehr viel markiert. Wirklich nützlich ist sie nur, wenn man sehr wenig unterstreicht. Etwa ein Satz pro Absatz oder sogar Seite ist eine gute Richtschnur (z.B. Ballstaedt, 2006). Weil sich kaum entscheiden lässt, was am wichtigsten ist, wenn man gerade dabei ist, sich einen Inhalt zu erarbeiten, empfiehlt sich, nicht schon beim ersten Lesen zu markieren oder nur einen Bleistift zu verwenden.[11] Da die Essenz eines Textes selten in einem einzelnen

11 Mehrfaches Lesen mag Ihnen wie Zeitverschwendung vorkommen. Expert_innen aber lesen zumindest die Texte, die ihnen wichtig sind, oder die Teile von Texten, die ihnen wichtig sind, mehrfach, um sicherzustellen, dass sie sie wirklich gut verstanden und nichts übersehen haben.

Satz zum Ausdruck kommt, ist es zudem sinnvoll, sich beim Unterstreichen nicht auf einzelne Sätze zu konzentrieren. Zielführenderer sind Lesestrategien, die nicht nur Teile des Textes auswählen, sondern mehr eigene kognitive Aktivität erfordern, vor allem das besprochene Zusammenfassen.

Eine weitere mögliche Strategie ist es, **Notizen** zu Texten zu machen. Diese können Sie im Text selbst machen, aber auch in einem Skizzenbuch oder Arbeitsjournal (⇨ 5.1, S. 71) oder einer Notizbuch-App. Auch für Notizen gilt die Empfehlung, möglichst mit eigenen Worten zu formulieren.

Viele Studierende nutzen **Annotations- oder Anmerkungssysteme**. Sie markieren mit verschiedenen Zeichen oder in unterschiedlichen Farben wesentliche Information in einem Text. Auch wenn hierbei die Aktivität des eigenen Formulierens wegfällt, hat diese Vorgehensweise einige Vorteile. Die Annotationen sind oft übersichtlich, so dass man leicht im gelesenen Text suchen kann. Sind die Kategorien des Annotierens nicht oberflächlich (etwa ein Zeichen für „statistischer Test"), sondern verständnisorientiert (etwa „unlogisches Argument" oder „Widerspruch zu einer anderen Untersuchung"), erfordern sie Elaboration und damit eine Aneignung des Textes.

Textorientierte Annotationskategorien richten sich nach dem, was die Autor_innen mitteilen wollen. Elaborationsbezogene Kategorien fördern die eigene Erarbeitung des Textes, und bei kritischen Anmerkungen wird der Text – über ihn hinausdenkend – sorgfältig auf seine Voraussetzungen, Folgen und Aussagekraft geprüft.

Textorientierte Kategorien sind:
- zentrale Konzepte und Begriffe
- Modelle und Theorien
- Hypothesen und Schlussfolgerungen
- wichtige Aspekte von Daten

Elaborationskategorien sind:
- interessante Definitionsaspekte eines Konstruktes, z.B. solche, die an der Operationalisierung sichtbar werden
- Querverbindungen zu anderen Texten, vor allem solche, die im Text selbst nicht benannt werden, etwa

    - Widersprüche
    - Parallelen
    - Ergänzungen
- interessante Aspekte der Daten, die von den Autor_innen nicht weiterverfolgt werden, aber als Forschungslücke für die eigene Arbeit genutzt werden können (⇨ 3.2 & 5.2)
- Stellen der eigenen Arbeit, an denen man auf den Text Bezug nehmen möchte

Kategorien kritischen Lesens sind:
- fragwürdige Schlussfolgerungen oder andere argumentative Schwächen
- ungerechtfertigte Verallgemeinerungen
- fragwürdige Voraussetzungen

Schwächen in den Arbeiten anderer, die beim kritischen Lesen identifiziert werden, sind oft Anstöße für die eigene Forschung (⇨ 5.2).

> Egal was Sie lesen und notieren – nehmen Sie in Ihre Notizen nicht nur die reine Information auf, sondern stellen Sie diese in ihren **rhetorischen oder argumentativen Kontext**. Texte werden immer mit einem bestimmten Ziel geschrieben. Diese Absichten der Autorin oder des Autors – überzeugen, kritisieren, warnen, ironisieren und ähnliches – sind der rhetorische Kontext. Schreiben Sie nicht nur: „Rost, Wirthwein, Frey und Becker (2010) stellen fest, dass Kaugummikauen die kognitive Leistungsfähigkeit nicht verbessert", sondern: „Aus psychologischen Trainingsstudien und Theorien lässt sich entnehmen, dass eine anhaltende und erhebliche Steigerung des kognitiven Leistungsvermögens ein langes und intensives Training voraussetzt. Um die hartnäckige öffentliche Diskussion darum, ob Kaugummikauen schlau macht, empirisch zu beenden, führen Rost, Wirthwein, Frey und Becker (2010) zwei Experimente durch. Beide finden keine besseren Leistungen von kaugummikauenden Schüler_innen".

Argumente, nicht Information, sind das Wichtigste an wissenschaftlichen Texten. Wer sagt was mit welcher Begründung und mit welchem Ziel? Mit diesen vier Fragen (wer? was? welche Gründe gibt es? welches Ziel verfolgt die Person mit dem Text?) können Sie wesentliche Aspekte der Argumentation erkennen, vor allem diejenigen, die Sie für eine Zusammenfassung benötigen. Anstatt sich in Einzelsätzen oder -befunden zu verlieren, setzen Sie mit diesen Fragen „oben", auf allgemeiner Ebene, an. Dies ist eine der wichtigsten Fähigkeiten überhaupt für das Lesen.

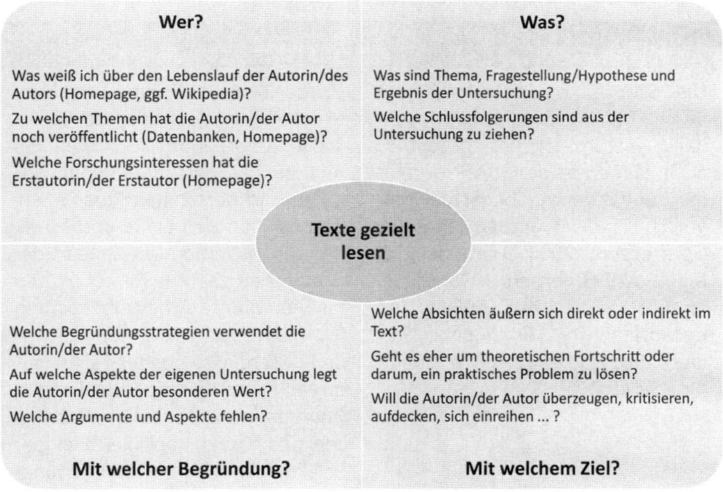

Abbildung 1: Eine sehr schlichte, aber wirksame und tiefgreifende Lesestrategie: Wer sagt was mit welcher Begründung und welchem Ziel?

4.3 Literatur verwenden

Den Forschungsstand zusammenfassen

In allen Forschungsartikeln wird auf die eine oder andere Weise der Forschungsstand zusammengefasst. Für die Verwendung von Literatur in psychologischen Texten ist kennzeichnend, dass nicht einzelne Untersuchungen nacheinander erörtert werden, sondern der Zugriff auf Literatur stark generalisierend erfolgt, oft in einem Satz.

Mit diesem bezieht man sich auf den gesamten Forschungsartikel, genauer gesagt auf dessen zentrale, empirisch belegte Aussage. Weil das so ist, müssen Sie in der Regel auch keine Seitenzahlen angeben, wenn Sie die Ergebnisse einer Untersuchung in einem Satz zusammenfassen. Oft werden sogar mehrere Texte gleichzeitig in einem einzigen Satz zusammengefasst, wie Sie an den folgenden Beispielen erkennen können.

Tabelle 6: Beispiele für sehr kompakte Zusammenfassungen

Beispiel 1	Beispiel 2
Die Skepsis, ob sich Intelligenz durch Trainingsprogramme nachhaltig verbessern lässt, „betrifft auch längerfristige USA-Programme zur Förderung benachteiligter Vorschulkinder (vgl. Barnett, 2004; Gottfredson, 2000; Herrnstein & Murray, 1994; Jensen, 1998; Locurto, 1991; Spitz, 1991, 1999a,b; The Consortium for Longitudinal Studies, 1983; Zigler & Styfco, 2004)" (Rost et al., 2010, S. 39).	„Diese Konzeptualisierung inspirierte neben der Erforschung der beruflichen Anforderungsstrukturen die Analyse der personenseitigen sozialen und personalen Ressourcen. Bezogen auf den Lehrerberuf werden auf institutioneller Seite in der Literatur als zentrale Risikofaktoren für Burnout Arbeitsüberlastung (*work overload*, z.B. Zeitdruck, große Klassen, heterogenes Leistungsniveau in der Klasse), Rollenkonflikt (*role conflict*, z.B. Schüler unterstützen und fördern bei gleichzeitiger Selektion durch die Notengebung) und Unklarheiten in den gestellten Aufgaben *(role ambiguity)* genannt (Byrne, 1999; Maslach et al., 2001; Rudow, 1999)" (Klusmann, Kunter, Trautwein & Baumert, 2006, S. 162).
Die angeführten Autor_innen haben sicher mehr herausgefunden, als dass Vorsicht hinsichtlich der langfristigen Förderung von kognitiver Leistungsfähigkeit geboten ist; ihre Arbeiten werden hier aber auf diesen einen Punkt reduziert.	Die Autor_innen geben in zwei selbständig formulierten Sätzen einen gesamten Aspekt des Forschungsstandes zu Risikofaktoren für Burnout bei Lehrer_innen wieder.

Sie erkennen hier implizite Erwartungen an die Leser_innen. Die Verfasser_innen setzen voraus, dass die Leser_innen die angegebenen Texte kennen und deswegen wissen, wie sie sich auf die lange Tradition (Beispiel 1) oder das komplexe Bedingungsgefüge von Arbeitsüberlastung, Rollenkonflikt und Rollenunklarheit (Beispiel 2) beziehen – ähnlich wie man in einem Gespräch unter Bekannten relativ gut weiß, was der andere weiß. Sicherlich haben sich auch andere als die hier genannten Forscher_innen zu dem Problem geäußert, die Autor_innen nennen aber nur die ihnen wichtigsten. Explizit begründet wird diese Auswahl nur selten: Es wird erwartet, dass die Leser_innen wissen, dass an solchen Stellen besonders typische und zentrale Studien zitiert werden, ohne dass ein detailliertes Abbild der gesamten Forschungslage gegeben wird. Das kurze Format zeugt außerdem davon, dass man davon ausgeht, dass die Leser_innen die Belegkraft für den in Frage stehenden Punkt einschätzen können oder sich eigenständig über die Studie informieren, wenn sie diese nicht ausreichend kennen.

Ein besonderer Fall ist, einen wissenschaftlichen Diskurs zu einer Streitfrage darzustellen. Psychologische Forschung ist oft „konsensorientiert", d.h. an dem Ideal ausgerichtet, dass Forscher_innen zum selben Kumulus an Wissen beitragen. Dennoch erlauben die empirischen Befunde in vielen Fällen keine eindeutigen Schlussfolgerungen. Zuweilen sind sich Forscher_innen auch über die Antworten auf grundsätzliche Fragen uneinig – etwa ob sich Aufmerksamkeit durch das Spielen schneller Computerspiele trainieren lässt, ob es rein reizgetriebene Aufmerksamkeitssteuerung gibt, oder welche Intelligenzfacetten zu unterscheiden sind. Auch die Bedeutung von Befunden ist oft umstritten, etwa welche praktischen Folgerungen sind aus der hohen Erblichkeit von Intelligenz zu ziehen sind. An solchen Streitfragen kann man gut lernen, die Argumente in einer wissenschaftlichen Debatte zu analysieren.

Wenn Sie einen längeren Forschungsdiskurs darstellen, strukturieren Sie ihn nach einem Prinzip, etwa chronologisch, in einem Pro- und einem Contra-Abschnitt, wobei zunächst alle Evidenz für und danach alle gegen eine Hypothese zusammengefasst wird, oder indem Sie das Für und Wider in einzelne inhaltliche Aspekte aufteilen und diese nacheinander abhandeln.

Möglichen Einwänden zu begegnen, ist für Wissenschaft unerlässlich, und deswegen müssen diese zitiert und diskutiert werden. Mehr noch: Gegenargumente stellen Ihre eigene Untersuchung nicht in Frage, sondern Ihr Gedankengang wird ganz im Gegenteil reichhaltiger, wenn Sie sich mit Gegenargumenten beschäftigen, z.B. wenn Sie diese ausräumen können oder sie Ihnen helfen, eine Definition zu präzisieren oder eine Operationalisierung zu verbessern. Da Forschung nie perfekt ist, nennen Sie Gegenargumente auch dann, wenn Sie nicht alle ausräumen können, und begründen Sie, warum das so ist. Eine Qualifikationsarbeit muss nicht nur Forschungsstandards genügen, sondern auch machbar sein – und wie im Abschnitt über die innere Haltung (⇨ 2.2) erwähnt, gehört Bescheidenheit, auch angesichts der Begrenztheit der eigenen Untersuchung, zu der für die Psychologie typischen Haltung.

Einwänden zu begegnen, verlangt eine ehrliche, aber nicht verbissene Einstellung. Stellen Sie sich dafür beim Schreiben als Leser_innen nicht Ihre Gutachter_innen vor oder Menschen, die sich viel besser mit Ihrem Thema auskennen als Sie selbst, sondern eher Menschen, die an einem freundlichen Austausch mit Ihnen interessiert sind. Das macht es leichter, den richtigen Ton zu treffen. Wenn Sie konkrete Anregungen suchen, wie man sich auf Texte anderer bezieht: Graff und Birkenstein (2009) schlagen eine Reihe von Formulierungen hierfür vor. Sie sind zwar auf Englisch, lassen sich aber leicht ins Deutsche übersetzen.

Wenn man sich das tatsächliche Schreibverhalten von Studierenden wie auch Wissenschaftler_innen ansieht, stellt man fest, dass viele keine Zusammenfassungen erstellen, sondern andere Methoden nutzen. Da diese unerwünschte Folgen haben können, gehen wir etwas gründlicher auf sie ein; reflektieren Sie beim Lesen der folgenden Abschnitte Ihr eigenes Schreiben.

Textteile oder Argumentationen paraphrasieren

Bei einer Paraphrase wird ein kürzerer oder längerer Teil eines Textes, also etwa ein Absatz oder ein Textabschnitt (z.B. eine Diskussion) in eigenen Worten verkürzt wiedergegeben. Eine Richtschnur ist, dass eine Paraphrase etwa auf die Hälfte verkürzt; wie stark sie genau komprimiert, hängt natürlich vom Ursprungstext und den eigenen Zielen ab, so dass diese Angabe hier nur als grober Richtwert gelesen werden sollte. Eine gewisse Menge an Formulierungen aus dem Originaltext wird dabei toleriert. Oft wird in indirekter Rede formuliert – am obigen Beispiel: Klusmann et al. (2006) stellen fest, Arbeitsüberlastung, Rollenkonflikt und Aufgabenunklarheiten seien die zentralen institutionellen Risikofaktoren für Burnout. Man kann die Paraphrase als eine ausführlichere Zusammenfassung ansehen; sie bezieht sich aber meist nur auf einzelne Abschnitte eines Textes. Mit dem Zusammenfassen teilt das Paraphrasieren die verständnisbezogene, eigene kognitive Aktivität und ist deswegen eine sinnvolle Strategie.

Wichtig ist, das Paraphrasieren überlegt einzusetzen – primär für Textteile, deren genaues Verständnis für die eigene Arbeit relevant ist. Beachten Sie, dass Fachbegriffe nicht durch Synonyme ersetzt werden, im obigen Beispiel etwa „Arbeitsüberlastung", „Rollenkonflikt" und „Aufgabenunklarheiten". Wortwiederholungen sind in wissenschaftlichen Texten deswegen akzeptabler als in schulischen oder journalistischen.

Wörtlich zitieren

Wörtliche Zitate, also direkte Übernahmen aus einem Text, die durch Anführungszeichen oder als eingerückter Block gekennzeichnet sind, sind in der Psychologie äußerst selten. Das liegt daran, dass empirische Daten für den psychologischen Erkenntnisfortschritt wichtiger sind als der konkrete sprachliche Ausdruck von Gedanken. Wie viele Naturwissenschaften geht die Psychologie implizit davon aus, dass man den Gehalt von Untersuchungsergebnissen auf verschiedene Weisen ausdrücken kann, und dass es unerheblich ist, wie genau man das tut.

Interessanterweise benutzen Studierende häufiger wörtliche Zitate. Sie setzen wörtliche Zitate manchmal dann ein, wenn sie etwas nicht gut verstanden haben und deswegen unsicher sind, welche Wörter sie ersetzen dürfen, oder sogar etwas nicht verstanden haben und versuchen, dies zu verschleiern, indem sie Originalformulierungen übernehmen. Fragen Sie sich stets: Übernehme ich etwas, weil ich den konkreten sprachlichen Ausdruck so treffend finde, dass es nicht besser geht, oder deswegen, weil ich mir nicht zutraue, etwas angemessen zu formulieren? Im letzteren Fall müssen Sie das Material weiter bearbeiten, etwa indem sie mit anderen Personen darüber sprechen.

Eine Aufgabe zu einem der Artikel im Abschnitt „Beispieltexte“ (⇨ 11.3), etwa dem von Rost et al. (2010) oder dem von Rheinberg, Manig, Kliegl, Engeser und Vollmeyer (2007): Nehmen Sie sich den Text und markieren Sie, z.B. in unterschiedlichen Farben,

- Zusammenfassungen mit Bezug auf mehrere Texte,
- Zusammenfassungen eines Textes,
- Paraphrasen eines Textes,
- und ggf. wörtliche Zitate.

Warum wird was an welcher Stelle eingesetzt?

Andere Texte umschreiben und zusammenbasteln?

Mit dem Begriff Flickenschreiben *(patchwriting)* wird eine Strategie bezeichnet, bei der Passagen aus gelesenen Texten, die man für wichtig hält, zunächst in den eigenen Text kopiert und dann so lange verändert werden, bis sie nicht mehr wie ein wörtliches Zitat aussehen. Viele Studierende neigen zum Flickenschreiben. Empfehlenswert ist es nicht. Es kann höchstens eine Übergangsstrategie sein – das wird unten erläutert.

Charakteristisch für Flickenschreiben ist, dass die Schreiber_innen viele und lange Passagen aus einem Ursprungstext kopieren und stückweise umschreiben. Dabei gehen sie satzweise vor. Techniken, die eingesetzt werden, um die Ausgangssätze zu verändern, sind das Löschen von Satzbestandteilen, das Ersetzen von Wörtern durch Synonyme und das Ändern grammatischer Konstruktionen, etwa vom Aktiv ins Passiv oder vom Plural in den Singular. Am Ende ist der Satz dem Ausgangssatz oberflächlich unähnlich; die Grobstruktur der Sätze und vor allem des Ausgangstextes bleibt aber oft unverändert, was deutlich zeigt, dass der Gedankengang übernommen wurde.

Beim *patchwriting* schreibt man eigene Texte also, indem man zunächst Teile von Texten kopiert und diese dann verändert und miteinander verbindet; der eigene Text entsteht ohne selbständige

Ideen oder Plan aus Versatzstücken anderer Texte. Flickenschreiben ist streng genommen Plagiieren: Gedanken anderer werden übernommen, anstatt auf ihrer Grundlage selbst zu denken. Weder die oberflächliche Änderung des Wortlauts, die das Plagiat schwer entdeckbar macht, noch die Angabe des verwendeten Textes in einer Klammer ändert das. Problematisch ist aber vor allem, dass Flickenschreiben das Verständnis von Inhalten nicht fördert: Sie werden nicht verstanden und verarbeitet wie in einer guten Zusammenfassung, sondern lediglich als einzelne Informationen ohne argumentative Zusammenhänge erfasst.

Oft beginnt *patchwriting* mit harmlosen oder guten Absichten: Man plant, die kopierten Textteile nur als Gedächtnisstütze und nicht direkt zu nutzen, will sie zusammenfassen, wirklich umschreiben oder als Paraphrase oder indirektes Zitat einsetzen. Allzu leicht aber scheitert die Umsetzung: Unter Zeitdruck liest man dann doch nicht mehr nach, fasst nicht zusammen, findet die Literaturangabe nicht mehr und behilft sich mit oberflächlichem Umschreiben. Daran, die Struktur eines Textes durch das Schreiben selbst zu erarbeiten, ist nichts falsch, daran, dies über das Umschreiben fremder Textteile zu tun, schon. Die eigene Arbeit besteht dann nur noch in der Sortierung und Verbindung, nicht aus dem Fassen eigener Gedanken. Solche Collage-Techniken entsprechen unserem alltäglichen Umgang mit Material (etwa dem retweeten), sind aber in der Wissenschaft fehl am Platz.[12]

Auch Psychologieprofessor_innen greifen übrigens zu Techniken des Flickenschreibens, wenn sie Texte aus ihnen unbekannten Bereichen zusammenfassen sollen (Roig, 2001). Bei geringen Vorkenntnissen ist *patchwriting* vielleicht sogar sinnvoll, weil man kaum entscheiden kann, welche Formulierungen und Begriffe zentral sind. Es ist deswegen nicht immer ein Anzeichen akademischer Unehrlichkeit, sondern eher eine unbeholfene Lernstrategie von Neulingen (Howard, Serviss & Rodrigue, 2010). Mit dieser Einschätzung wollen wir *patchwriting nicht* empfehlen! Es kann aber eine Übergangsstrategie sein: Wenn Sie beim Einarbeiten in einen neuen Bereich *patchwriting* nutzen, machen Sie sich keine Vorwürfe, ver-

12 Am Rande: Das kann man auch anders sehen und das Plagiat bzw. den unoriginellen Gedanken für ein Signum unserer Zeit halten. Spannende Gedanken dazu hat Goldsmith (2017) entwickelt.

suchen Sie aber bald, es durch inhaltliches Verständnis zu ersetzen, und konzentrieren Sie sich bei Ihrem eigenen Schreiben weniger auf die Information aus Einzelsätzen oder -abschnitten als vielmehr auf Gedankengänge und Zusammenhänge.

4.4 Literatur angeben

Eine allgemeine Frage: Wozu zitiert man?

Zitieren kommt vom lateinischen citare, in Bewegung setzen, vorladen, und bedeutet ursprünglich, eine Zeugin bzw. einen Zeugen herbeizurufen. Genau so kann auch die Handlung des Zitierens verstanden werden: Der herbeigerufene Zeuge ist ein Text, der belegt, was Sie formulieren. So können Sie Ihr Verständnis von Selbstregulation durch ein Handbuchkapitel belegen, das Ihrer Sichtweise entspricht, Ihre Schlussfolgerungen über die Ursachen von Studienabbruch durch die entsprechenden Originalstudien, eine kritische Sichtweise auf etwas durch einen Text mit einer ähnlichen Ansicht, eine Methode durch einen geeigneten Artikel.

Dabei werden Sie auch Zeugen herbeirufen, die die Gegenseite stützen. Hierfür gibt es mehrere Möglichkeiten. Entweder Sie stellen zwei sich widersprechende Positionen ausführlich dar; dann werden Sie beide gleichermaßen zu Wort kommen lassen. Oder Sie haben sich, aus welchen Gründen auch immer, bereits zu Beginn für eine Seite entschieden und wollen lediglich zeigen, dass Sie wissen, dass man auch eine andere Ansicht haben kann; in diesem Fall wird in der Psychologie oft eine Formulierung der Art „(vgl. jedoch ...)“ oder „(but see ...)“ verwendet. Natürlich gibt es auch Mittelwege, etwa zu erwähnen, dass es andere Ansichten gibt, die aber im Rahmen der vorliegenden Arbeit nicht ausführlich behandelt werden können. Dieses „Unterlassen“ ist in Bachelor- und Masterarbeiten üblich und notwendig, weil sie kurz sind; natürlich sollten Sie die ausgelassenen Gegenpositionen kennen und einen inhaltlichen Grund dafür anführen, sich nicht genauer mit ihnen zu beschäftigen.

Dieses Verständnis vom Zitieren zeigt: Sie sind der Anwalt oder die Richterin und rufen Texte herbei, die Ihre Sichtweise unterstützen oder die Aufklärung voranbringen. Oder, um eine Formulierung zu verwenden, die wir schon am Anfang dieses Buchs verwendet haben: Sie handeln *wie* eine Anwältin oder ein Richter.

Wenn Sie eine Arbeit schreiben, dann veröffentlichen Sie Ihre Gedanken und müssen (und dürfen) für diese einstehen und argumentieren. Diese Haltung ein- und die damit verbundene Verantwortung anzunehmen, fällt oft schwer. Wie oben erwähnt, dürfen Sie aber *wie* eine Forscherin oder *wie* ein praktischer Psychologe handeln. Verstecken Sie sich beim Schreiben nicht hinter den klugen Gedanken anderer, sondern nutzen Sie diese für sich.

Eine schwierige Frage: Was muss belegt werden, was nicht?

Eine für Neulinge schwer zu entscheidende Frage ist, was man durch eine Literaturangabe belegen muss und was nicht. Generell kann man sich an die Regel halten, dass Allgemeinwissen nicht belegt werden muss. So ist es nicht notwendig, anzugeben, aus welchem Werk man die Lebensdaten der Psychologin Eleanor J. Gibson kennt, und Sie müssen auch keine Literatur für statistische Verfahren angeben, die standardmäßig eingesetzt werden, etwa Varianzanalyse und *t*-Test. Falls Sie neue oder wenig verbreitete Verfahren benutzen, ist ein Beleg jedoch notwendig. So werden derzeit für die Interpretation von Effektgrößen häufig noch Belege angeführt, zum Teil auch aus älteren Veröffentlichungen (z.B. Cohen, 1988). Dies liegt daran, dass die Berechnung von Effektgrößen noch kein Standard ist und man den Leser_innen einen Hinweis geben will, wo sie sich informieren können. Bei noch weniger verbreiteten Ansätzen wie etwa der Bayes-Statistik, die derzeit als Alternative zur Nullhypothesenstatistik diskutiert wird, ist es unbedingt notwendig, Literaturbelege anzugeben.

Wenden Sie Ihr Wissen auf einen der Artikel im Abschnitt „Beispieltexte" (⇨ 11.3) an: Lesen Sie einen der Texte und markieren Sie:

- Was wurde belegt?
- Wozu gibt es keine Belege?
- Was hätte noch belegt oder auch vielleicht nicht belegt werden müssen? Können Sie vermuten, warum?

Der Begriff Allgemeinwissen ist hier jedoch ein wenig irreführend, denn es handelt sich nicht primär um Wissen, das man bei jeder Person voraussetzen kann, sondern um solches, das man beim üblichen Publikum des Textes voraussetzen kann. So würden sehr generelle Fachbegriffe wie Motivation oder Emotion, qualitative und quantitative Methoden, Verhaltenstherapie, Intervention und Evaluation in aller Regel weder erklärt noch belegt werden. Sobald man sich hingegen auf Theorien (etwa die Selbstbestimmungstheorie der Motivation; Deci & Ryan, 1985) oder ungewöhnliche Methoden bezieht (etwa Mixed Methods als neue Kombination qualitativer und quantitativer Verfahren; Creswell & Clark, 2011), ist ein Literaturverweis angemessen. Wenn Sie beispielsweise eine Arbeit über Lernstrategien und Selbstregulation bei Studienanfänger_innen mit der Fragestellung „Erweitert sich das Repertoire an metakognitiven Lernstrategien in der Studieneingangsphase?" schreiben, ist klar, dass Sie Ihr aus der Literatur abgeleitetes Verständnis von Selbstregulation belegen. Welches Modell der Selbstregulation verwenden Sie, das zyklische Modell des selbstregulierten Lernens von Zimmerman (2000) oder das Drei-Schichten-Modell von Boekaerts (1999)? Dasselbe gilt für den Begriff Lernstrategien; auch hier werden Sie erläutern, was Sie darunter verstehen und welche Erkenntnisse aus der Forschung für Sie wichtig sind. Voraussetzen können Sie hingegen den Begriff Lernen. Das soll nicht heißen, dass er völlig unproblematisch oder gar klar ist. Aber sofern Sie nicht ein besonderes Verständnis vom Lernen vertreten (z.B. ein streng konstruktivistisches), muss er nicht belegt werden.

Wann genau belegt werden muss, lässt sich nicht per Faustregel klären; je mehr Fachwissen man hat, umso leichter kann man dies entscheiden oder umso besser hat man internalisiert, wann eine Literaturangabe üblich ist und wann nicht. Allgemein gilt dieselbe Empfehlung, die wir bereits an anderer Stelle gegeben haben: *Sehen Sie sich mehrere Texte aus Ihrem Forschungsgebiet an und analysieren Sie, wie deren Autor_innen diese Frage entscheiden.* Auch Ihre Betreuerin oder Ihr Betreuer kann Ihnen dabei helfen, die Frage zu beantworten; Sie werden die Antwort aber besser verstehen, wenn Sie sie selbst durch Analyse von Texten finden. Vermutlich werden Sie auch feststellen, dass nicht alle Autor_innen auf dieselbe Weise vorgehen und dadurch erkennen, welchen Bereich von Möglichkeiten Sie haben.

Für Qualifikationsarbeiten ist darüber hinaus noch zu berücksichtigen, dass Sie in diesen auch Ihre Belesenheit unter Beweis stellen. Das legt nahe, sich in Zweifelsfällen eher für als gegen das Belegen zu entscheiden. Beachten Sie aber: Weithin bekannte Tatsachen oder Begriffe mit Literaturangaben zu versehen, kann leicht naiv wirken.

4.5 Das Handwerkszeug des Belegens

Wie steht es nun mit dem Handwerkszeug, der genauen Art und Weise, in der die Belege formuliert werden? Dies ist in der Psychologie durch den APA-Stil oder den der DGPs (Deutsche Gesellschaft für Psychologie) festgelegt. Es gibt zahlreiche Bücher und Homepages, die über diesen Stil informieren (APA, 2010; DGPS, 2016), weswegen wir hier nur das Wichtigste erläutern.

Anders als in vielen Wissenschaften, vor allem einigen geisteswissenschaftlichen Fächern, wird die Literatur in der Psychologie nicht in Fußnoten angegeben.[13] Aussagen im Text, die sich auf Werke anderer beziehen – meist Daten und Schlussfolgerungen einer

13 Fußnoten sind in der Psychologie sehr selten; die meisten Herausgeber oder Verlage raten explizit von ihnen ab. Das spricht für ein Textverständnis, in dem es keine Um- und Abwege gibt und keine Nebengedanken geäußert werden.

Originalstudie oder Methoden, manchmal Überblicksartikel, selten Definitionen oder Anfänge einer bestimmten Forschungstradition –, folgt eine Klammer, in der diese Texte über die Nachnamen der Autor_innen und das Veröffentlichungsjahr identifiziert werden. Mehrere Angaben stehen in alphabetischer (nicht chronologischer) Reihenfolge. Wir haben eingangs erwähnt, dass die Eigenschaften von Texten immer auch epistemologische, d.h. auf das Verständnis von Erkenntnis oder Wissenschaft bezogene Entscheidungen einer Diskursgemeinschaft anzeigen. Dies sieht man hier: Es geht der Psychologie nicht primär um die Chronologie von Erkenntnissen (wer sagt wann/in welchem Kontext etwas?), sondern um die Fakten (was ist der Fall?). Deswegen werden in Artikeln auch keine Titel und Vornamen angegeben. Schreiben Sie also „Kuhl (1998) schlägt vor ..." und nicht „Der Psychologieprofessor Julius Kuhl (1998) schlägt vor ...".

Ein alphabetisch geordnetes Literaturverzeichnis mit allen benutzen Texten befindet sich am Ende des Textes; dafür gibt es einen eigenen Abschnitt (Literatur/*References*). Interessanterweise werden im Literaturverzeichnis die Vornamen der Autorinnen und Autoren zum Anfangsbuchstaben gekürzt. Das macht es unmöglich, ihr Geschlecht zu identifizieren, was zu einer gewissen, vermutlich gewünschten Entpersonalisierung der Wissenschaft beträgt. In Lehrbüchern werden die Vornamen zuweilen genannt, zumindest bei „großen" Wissenschaftlerinnen und Wissenschaftlern, anscheinend um dieser Entpersonalisierung entgegenzuwirken.

4.6 Plagiate

Die öffentlichen Diskussionen der letzten Jahre um Doktorarbeiten, in denen große Teile aus anderen Arbeiten abgeschrieben waren, und deren Verfasser_innen oft ihren akademischen Titel verloren, haben die Wahrnehmung für das Thema Plagiieren geschärft. Viele Hochschulen drohen ertappten Studierenden inzwischen mit drastischen Maßnahmen (Verlust des Abschlusses, Exmatrikulation, Strafzahlungen). Dies ist zwar vielleicht eine angemessene Antwort auf bewusstes und gezieltes Plagiieren zum Erschleichen eines Abschlusses – etwa so, wie man auf Personen reagieren würde, die sich ihre Qualifikationsarbeit von einem Ghostwriter schreiben lassen –, aber unangemessen für Studierende, denen Plagiate aus Unkenntnis, Unachtsamkeit, mangelnder Sorgfalt und oft auch durch die Verwendung falscher Strategien unterlaufen. Aber selbst wenn nicht eine betrügerische Absicht, sondern mangelnde Kenntnis oder unangemessene Strategien die Ursache sind – verantwortlich für das Ergebnis sind Sie! Deswegen diskutieren wir hier auch nicht den rechtlichen Rahmen, sondern die Frage des Plagiierens für „normale“ gewissenhafte Studierende anhand einiger Fragen, die uns im Alltag an der Hochschule immer wieder begegnen.

Wieviel muss ich an einem Text ändern, damit er kein Plagiat ist? Falsche Frage! Es ist nicht die Menge an oberflächlicher Übereinstimmung, die einen Text zu einem Plagiat macht, sondern die Handlung dahinter, das bewusste oder fahrlässige Abschreiben bzw. Kopieren. Das Ausmaß an Änderungen beeinflusst lediglich, wie einfach ein Plagiat entdeckt werden kann.

Kann es sein, dass ich einen Text plagiiere, den ich nicht gelesen habe? Nein! Sie brauchen, wenn Sie einen Text selbständig verfasst haben, diesen nicht durch eine Plagiatsdetektionssoftware laufen zu lassen, um zu überprüfen, ob Sie plagiiert haben, ohne den plagiierten Text zu kennen. Unredlichkeit entsteht nicht dadurch, dass Ihr Text einem anderen gleicht, sondern dadurch, dass Sie fremde Gedanken als eigene ausgeben. Gründe für zufällige Übereinstimmungen gibt es viele, wie noch erklärt wird.

Kann es sein, dass ich unabsichtlich plagiiere? Und kann ich das vermeiden? Diese beiden Fragen werden gemeinsam beantwortet, weil die Antworten nur gemeinsam aufschlussreich sind. Manchmal liest man so viel, dass man am Ende nicht mehr sicher weiß, was aus einem Text stammt und was eigene Gedanken sind. Manchmal hört man in einem Gespräch Gedanken, die man spannend findet und sich merkt, ohne sich später daran erinnern zu können, wer diese Idee aufbrachte. Das menschliche Quellengedächtnis, d.h. die Erinnerung daran, woher wir etwas wissen, ist nicht besonders gut. Vermutlich wird es eher noch schlechter, wenn man Inhalte gut versteht bzw. sie beim Abspeichern gut elaboriert.[14] Damit gerät man in ein Dilemma: Etwas gut zu verstehen, wird um den Preis des Quellenverlusts erreicht. Es kann also passieren, dass Sie unabsichtlich plagiieren, weil Sie vergessen haben, woher ein Gedanke stammt bzw. sogar vergessen haben, dass er nicht von Ihnen stammt. Das lässt sich nur vermeiden, indem man Zusammenfassungen anlegt und sorgfältig notiert, was man durch welche Lektüre oder Gespräche gelernt hat, etwa in einem Arbeitsjournal (⇨ 5.1). Außerdem sollten Sie die oben erwähnten Techniken des *patchwriting* vermeiden, also keine Textabschnitte anderer in die eigene Datei kopieren, in der Überzeugung oder Hoffnung, dass Sie sich schon erinnern werden, dass diese Textpassage nicht von Ihnen stammt.

Kann ich überhaupt schreiben, ohne zu plagiieren? Das ist eine spannende Frage! In der Diskussion um Plagiate wird oft implizit unterstellt, es gäbe so etwas wie originär eigene Ideen. Aber ist das überhaupt so? Haben wir nicht eigentlich alles von anderen gelernt und aus ihren Gedanken und Ideen erworben (Goldsmith, 2017)? Gibt es eine klare Grenze zwischen den eigenen Gedanken und denen anderer? Prinzipiell scheint das nicht so zu sein – wir sind eben Zwerge auf den Schultern von Riesen oder Teil eines unendlichen Gesprächs und verdanken diesen (bzw. diesem) unsere Gedanken. Wenn wir „eigene Forschungsideen" fordern, dann ist das also nicht ganz richtig ausgedrückt. Zwar erwarten wir *auch* eigenes Denken, aber auf der Grundlage einer gründlichen Rezeption von Literatur, also als Reaktion auf bereits Vorhandenes, nicht als freischwebende Ideen. Wirklich originelle Fragen, Ansätze, Ideen, Konzepte, Theorien, Paradigmen und Operationalisierungen sind auch in tatsächlichen Veröffentlichungen selten.

Ist es nicht besser, einen guten Text abzuschreiben, als ihn schlecht selbst zu formulieren? Dieses Argument von Studierenden (Hayes & Introna, 2005, S. 218) hat durchaus etwas Wahres. Es weist darauf hin, dass zwischen der Absicht, etwas, das man einigermaßen verstanden hat, selbst auszuformulieren, und der Fähigkeit, dies auch tatsächlich zu tun, eine erhebliche Diskrepanz bestehen

14 Dies wird im Paradigma des unbewussten Ideenplagiierens (*unconscious idea plagiarism paradigm*) erforscht (z.B. Perfect & Stark, 2008).

kann. Diese rechtfertigt nicht, den abgeschriebenen Text als den eigenen auszugeben, aber sie rechtfertigt vielleicht eine Schreibstrategie mit ausführlichen direkten oder indirekten Zitaten. Das gilt allerdings, wie oben (⇨ 4.3) erwähnt, nur für eine Anfangsphase des Lernens, dann, wenn man mit einem Bereich noch wenig vertraut ist; bei Ihren Qualifikationsarbeiten sollten Sie darauf verzichten können.

Ist gutes Plagiieren nicht auch eine kognitive Leistung? Das ist jetzt schon sehr spitzfindig, aber – ja. Wer gut plagiieren kann, hat immerhin etwas vom Text oder seiner Form verstanden und damit eine kognitive Leistung erbracht. Aber so jemand braucht eigentlich nicht mehr zu plagiieren, sondern sollte auch in der Lage sein, einen eigenen Text zu schreiben.

5. Wie und warum man durch eigene Gedanken zum Schreiben kommt

Auch wenn man immer auf der Grundlage von durch andere verfassten Texten schreibt *(source-based writing)*, so ist das doch nicht alles. Ebenso wichtig ist es, sich eigenständig Gedanken zu machen, gewissermaßen aus der Kraft des eigenen Denkens zu schreiben *(thinking-based writing)*.

Vielleicht verunsichert Sie der Anspruch, als Bachelorstudent oder Masterstudentin etwas Originelles zur Forschung beizutragen. Trägt man nicht eher zusammen, was andere vor einem gedacht haben, oder ahmt deren Forschung nach? Kann man überhaupt etwas Neues und Originelles finden? Zweifel dieser Art sind ausgesprochen berechtigt. Als Zwerg auf den Schultern von Riesen zu sitzen – wir haben dieses Bild für Forscher_innen oben (⇨Kap. 4, S. 43) schon erwähnt –, bedeutet nicht nur, weit blicken zu können, sondern auch klein zu sein im Vergleich zu anderen.

Vielleicht entlastet es Sie, dass auch Wissenschaftler_innen in der Situation solcher Zwerge sind. Es ist so viel bereits gedacht, geschrieben, behauptet, argumentiert worden, dass auch Forscher_innen sich fragen, ob es überhaupt noch originelle Gedanken gibt. Es gibt durchaus Artikel mit neuartigen Ansätzen oder unerwarteten, aber aufschlussreichen Befunden. Zugleich werden nicht wenige Originalartikel veröffentlicht, in denen etwas Bekanntes lediglich einen Millimeter weitergedacht wird (ähnlich: Sternberg, 2005, S. 198ff).

Dieses Dilemma soll nicht entmutigen: Wie eingangs erwähnt, dürfen Sie als Studierende in der Wissenschaft so tun als ob (*acting like*). Um im Bild des Gesprächs unter Bekannten zu bleiben: Ihr Beitrag muss nicht besonders originell sein, er muss nicht den Nagel auf den Kopf treffen und alle zum Staunen oder Lachen bringen; er muss anschließen und passen, das Gespräch am Laufen halten und anderen die Gelegenheit geben, es mit einem eigenen Beitrag fortzusetzen. Eigenständigkeit können Sie auch dadurch zeigen, dass Sie die Voraussetzungen, Folgen und Geltungsansprüche anderer Studien kritisch prüfen. Vielleicht finden Sie, dass die Untersuchung weniger stark ist als sie scheint – etwa weil die Operationalisierung der abhängigen Variablen wenig externe Validität aufweist.

Ein Beispiel hierfür: In der Evaluation eines Selbstregulationstrainings zur Reduzierung von Prokrastination, dem Aufschieben von zu erledigenden Tätigkeiten wider besseren Wissens, mit der Methode der Zeitrestriktion fällt Ihnen auf, dass die abhängige Variable „studentische Prokrastination" mit einem Fragebogen zur allgemeinen Prokrastination operationalisiert wurde. In Ihrer Arbeit setzen Sie zusätzlich einen Fragebogen zur Erfassung studentischer Prokrastination ein. Das wäre eine kleine Erweiterung. Vielleicht fällt Ihnen auch auf, dass Studierende Prokrastination anders zu verstehen scheinen als Forscher_innen. Diese Diskrepanz fasziniert Sie, weil sie für Misserfolge von Interventionen verantwortlich sein könnte, und Sie untersuchen die subjektiven Theorien von Studierenden mit qualitativen Methoden und analysieren, welche Aspekte in subjektiven und wissenschaftlichen Theorien welchen Wert haben. Hier ist Ihre Eigenleistung gegenüber der vorhandenen Forschung eher groß.

Schließlich sei noch einmal wiederholt, dass Replikationen einen großen wissenschaftlichen Wert haben (z.B. Fiedler et al., 2012). Bei genauen Replikationen versucht man, die Untersuchung exakt zu wiederholen, bei konzeptuellen bleibt man bei der Hypothese und den Konzepten, ändert aber beispielsweise die Operationalisierung. Sind diese Änderungen klein, kann man prüfen, ob Befunde – gerade überraschende – dem Zufall oder vermeintlich unwichtigen Umständen zu verdanken sind, und Artefakte aufspüren.

5.1 Schreiben, denken, schreiben, denken

Schreiben dient, dieser Gedanke sollte Ihnen, wenn Sie dies Buch bis hierhin gelesen haben, vertraut sein, nicht nur dem Kommunizieren von Gedanken, sondern auch dem Erinnern, dem Verstehen und dem Nachdenken. Schreiben ist also nicht nur auf das Produkt gerichtet, den zu verfassenden Text, sondern hat auch eine Funktion für den Prozess. Dies wird in diesem Abschnitt kurz entfaltet, bevor wir uns den verschiedenen Elementen Ihrer Forschungsarbeit zuwenden.

In einem Forschungsprojekt müssen Sie viele Inhalte präsent haben *und* das große Ganze sehen *und* Ihr eigenes Vorgehen, Schlussfolgern und Argumentieren kritisch befragen. All das wird durch Schreiben gefördert (Booth et al., 2016, S. 13). Diese Einsicht wiederum ist die Grundlage unserer Empfehlung, viel und regelmäßig zu schreiben.

Sie müssen dafür nicht Seiten um Seiten an endgültigem oder ernsthaftem Text schreiben. Es geht vielmehr um jedwedes Schreiben, das den Prozess voranbringt. Dazu zählen ganz verschiedene Schreibmethoden. Einige von ihnen werden wir im Folgenden schildern, da sie an einem zentralen Problem ansetzen, das viele Schrei-

> „Writing calls on two skills that are so different that they usually conflict with each other: creating and criticizing. In other words, writing calls on the ability to create words and ideas out of yourself, but it also calls on the ability to criticize them in order to decide which ones to use. [...] Most of the time it helps to separate the creating and criticizing processes so they don't interfere with each other: first write freely and uncritically so that you can generate as many words and ideas as possible without worrying whether they are good; then turn around and adopt a critical frame of mind and thoroughly revise what you have written – taking what's good and discarding what isn't and shaping what's left into something strong" (Elbow, 1998, S. 7).

ber_innen kennen: dem Dilemma von *create* und *control/criticize*: Schreibprobleme entstehen oft dann, wenn man gleichzeitig versucht, Gedanken zu fassen und sie in eine endgültige Form zu bringen, etwa wenn man den Anspruch hat, sofort einen sehr gut klingenden und fehlerfreien Text zu verfassen. Dann kann es dazu kommen, dass das Schreiben stockt und man wenig oder gar nichts zu Papier bringt. Um Schwung in den Schreibprozess zu bringen, ist es sinnvoll, Phasen des Erschaffens von solchen des Kontrollierens, Überarbeitens und Kritisierens zu trennen, also wie Elbow es im obigen Zitat beschreibt, erst einmal unbesorgt die eigenen Einfälle und Überlegungen zu notieren und sie danach zu überarbeiten (⇨ Kap. 7).

Eine nützliche Gewohnheit ist, Einfälle und Ideen dann zu notieren, wenn sie einem kommen. Dabei geht es nicht nur um „große" Einfälle, etwa die Forschungsfrage, die Sie in einer Qualifikationsarbeit beantworten wollen, sondern auch um kleine, etwa eine plötzlich erkannte Querverbindung zwischen zwei Theorien, eine kritische Anmerkung oder eine besonders treffende Formulierung. Selbst scheinbar zusammenhangslose Gedanken können später zur Quelle einer brauchbaren Idee werden. Gerade bei kniffligen Fragen entstehen gute Ideen oft dann, wenn man nicht mit der eigentlichen Denk- oder Schreibarbeit befasst ist, sondern sich in einer Phase der Ablenkung befindet. Da spontane Ideen leicht wieder vergessen werden, ist es nützlich, sie direkt zu notieren. Sie können das in einem Heft machen, aber auch mit einer Notizbuch-App.

Ein **Skizzenbuch** oder Arbeitsjournal ist nicht jedermanns Sache, aber ausgesprochen nützlich. In das Skizzenbuch wird alles geschrieben, was die eigene Arbeit betrifft. In erster Linie ist es eine Sammelbox für Material, zugleich erleichtert es jedoch den Überblick über die eigene Arbeit. Bachelor- und Masterarbeiten können so komplex sein, dass ein solcher Überblick sehr hilfreich ist. Sie können in Ihrem Arbeitsjournal verschiedene Kategorien anlegen, beispielsweise einen Bereich, in dem Sie unfertige Ideen sammeln, einen Bereich für Literaturzusammenfassungen, einen für Gesprächsnotizen, To-do-Listen, angefangene, aber noch nicht zu Ende geführte Aufgaben oder Literatur, die Sie noch lesen müssen, wollen, sollten oder könnten. Je mehr Inhaltliches Sie in das Arbeitsjournal schreiben – etwa Notizen zu Texten, Ideen, Fragen – umso mehr ist es auch eine Übung im Schreiben. Schreiben Sie z.B. zum Ende eines Arbeitstages auf, was Sie an diesem Tag geschafft haben, worüber Sie ins Nachdenken gekommen sind, was noch unfertig ist und womit Sie sich am nächsten Tag beschäftigen möchten. Auch das übt – und es motiviert, am Ende eines Tages im Skizzenbuch aufzuschreiben, was man geschafft hat!

Das Skizzenbuch kann je nach Vorliebe digital oder auf Papier geführt werden; wichtig ist, dass man gerne mit dem Programm arbeitet bzw. das Buch oder den Ordner gerne zur Hand nimmt. Es soll so angelegt sein, dass es die positive Beziehung zur eigenen Arbeit unterstützt.

Prozessfördernde Schreibtechniken werden in vielen Schreibratgebern beschrieben (z.B. Wolfsberger, 2007); die folgende Tabelle gibt einen komprimierten Überblick.

Tabelle 7: Beispiele für prozessbezogene Schreibmethoden

Technik	Beschreibung
Freewriting	Schreiben ohne den Stift abzusetzen oder ohne den Kopf zu heben, d.h. ohne jede Pause wird alles, was einem einfällt, aufgeschrieben, egal ob passend, sinnvoll, schön, korrekt oder nicht. Kritische Stimmen im eigenen Kopf werden bewusst ausgeblendet. Die Methode hilft, Ideen zu generieren oder störende Nebengedanken aus dem Kopf zu bekommen (Wolfsberger, 2007, Geniale Schreibmethode 5).
Clustern	Wie *freewriting* Schreiben ohne den Stift abzusetzen oder den Kopf zu heben; allerdings wird kein Text produziert, sondern eine grafische Darstellung in der Art einer Mind-Map (Wolfsberger, 2007, Geniale Schreibmethode 3).
Listen führen	Wenn Sie gerne Listen führen, können Sie zu wichtigen Aspekten Ihrer Arbeit Listen anlegen. Geben Sie diesen eine Seite, an deren Kopf Sie das zentrale Stichwort oder Problem schreiben. Darunter können Sie dann Ihre Einfälle notieren, wenn Sie Ihnen kommen.
Eine E-Mail schreiben	Zum Denken hilft es oft, in ein nichtwissenschaftliches Genre zu wechseln. Wenn Sie nicht wissen, wie Sie anfangen sollen oder steckengeblieben sind, schreiben Sie eine E-Mail oder eine Whatsapp-Nachricht an eine gute Freundin oder einen guten Freund.
Kleben	Schreiben Sie Ihre Ideen auf Klebezettel und sortieren Sie diese so lange um, bis Sie eine interessante Argumentationskette entwickelt haben. Verbinden Sie diese Klebezettel dann mit Worten, etwa „Einwand", „Beispiel", „Konkretisierung".

Aufnehmen	Hier wird zunächst gar nicht geschrieben, sondern Sie nehmen Ihre Gedanken mit einem Aufnahmegerät, z.B. dem Handy, auf. Mündlich ist manches einfacher zu klären als schriftlich, insbesondere, wenn Sie eine interessierte Person bei sich haben, mit der Sie sprechen. Ist niemand in der Nähe, können Sie sich die Person auch vorstellen. Später übertragen Sie das Aufgenommene in Ihr Skizzenbuch.

Weitere Ideen, wie Sie den Schreibprozess fördern können, finden Sie in Kapitel 8. In den Abschnitten 5.2 bis 5.5 gehen wir erst einmal auf die verschiedenen Schritte der Entwicklung einer Untersuchung ein: Die Entwicklung einer Idee, die Planung der Untersuchung, die Erhebung und Auswertung der Daten und die Interpretation und Schlussfolgerungen. Wir organisieren den Text in Form der in Kapitel 4 beschriebenen und diskutierten Kernstruktur psychologischer Texte. Heißt das, dass Sie den Text in dieser Reihenfolge schreiben sollen? Ja und nein! Texte zu verfassen, ist eine rekursive Tätigkeit. Sie werden bereits geschriebene Textteile im Lichte des später Gelernten immer wieder überarbeiten müssen. Weil Schreiben Gedanken klärt, empfehlen wir, früh damit anzufangen und viel zu überarbeiten.

5.2 Die Einleitung schreiben: Eine Idee entwickeln

Wie entwickelt man ein gutes Bachelor- oder Masterprojekt? Dieser Schritt in der wissenschaftlichen Forschung ist vermutlich der schwierigste – nicht nur für Neulinge. Es gehört Mut dazu, sich für eine konkrete Idee zu entscheiden, ohne genau zu wissen, ob sie interpretierbare und aufschlussreiche Daten erbringt – genauso wie es Mut erfordert, eine Rundreise durch ein unbekanntes Land anzutreten. Wie bei der Rundreise ist es jedoch wichtig, irgendwann anzufangen. Welchen Weg man einschlägt, wo man länger bleibt und wo man schnell weiterreist, welche Kontakte man knüpft, welche Aussicht man länger betrachtet, ergibt sich dann während der Reise. Unvorbereitet sollten Sie sich aber nicht ins Abenteuer stürzen – was ins Gepäck gehört oder eher: was Sie bedenken müssen, schildern wir im Folgenden.

Hinweise dazu, wie Sie ein Forschungsprojekt finden und formulieren können, folgen oft dem herkömmlichen Modell „Problem – Lösung" oder „Frage – Antwort". Wenn Sie sich an das Kapitel zur Struktur von Einleitungen in psychologischen Originalartikeln erinnern (⇨ 3.2), fällt Ihnen vielleicht auf, dass dieses herkömmliche Modell zu einfach ist. Wenn Sie den Zügen und Schritten nach Swales (1990) folgen, geht es darum

1. ein Territorium abzustecken: ein relevantes und für Sie spannendes Thema zu finden
2. eine Nische aufzudecken: etwas zu finden, das noch offen ist
3. und diese Nische zu besetzen: eine Idee davon zu entwickeln, wie Sie mit Ihrer Arbeit an dieser Stelle einen Beitrag leisten.

Man kann den zweiten Zug das Formulieren des Problems oder der Frage nennen und den dritten die Lösung oder Antwort. Swales' Begriffe stellen konkrete Tätigkeiten in den Vordergrund – abstecken, aufdecken, besetzen – und lassen sich deswegen leichter umsetzen, weswegen wir sie vorziehen.

Beginnen Sie damit, dass Sie sich vorstellen, dass Sie eine dreimonatige Reise antreten. Wie finden Sie heraus, welches Gebiet der Welt Sie interessiert, welches Sie genauer kennen lernen möchten? Mit der Wahl der Betreuerin oder des Betreuers Ihrer Arbeit haben Sie sich für ein Gebiet entschieden. Nun gilt es das Territorium abzustecken, welches Sie erkunden wollen.

Zug 1: Das Territorium abstecken

Wie steckt man ein Territorium ab? Ein Territorium ist etwas, das bedeutsam ist, das Sie interessiert und neugierig macht – so wie Sie bei der Planung einer Reise vielleicht erst einmal sagen, dass Sie ins Hochgebirge fahren möchten, in ein gutes Schnorchelrevier oder in eine inspirierende Großstadt.

Das Territorium entspricht dem groben Thema Ihrer Arbeit. Vielleicht interessieren Sie sich dafür, wie Zauberer es schaffen, Menschen abzulenken, für Selbstregulation bei Grundschulkindern oder die Folgen von Prokrastination. Damit ist ein wichtiger Aspekt schon genannt: Ein Thema muss Ihr Interesse wecken können. Sie sollten Lust haben, sich damit intensiver zu beschäftigen. Günstig ist es, wenn Sie ein Thema wählen, über das Sie schon etwas wissen. Nicht nötig hingegen ist es, das ideale Thema zu finden – meist wächst das Interesse bei der Auseinandersetzung mit einem Gegenstand.

Wie groß sollte das Territorium sein? Es sollte so spezifisch sein, dass Sie sich im Rahmen der Arbeit hinreichend mit ihm vertraut machen können. Hierzu haben Booth et al. ein schönes Bild vorgeschlagen (2016, S. 34): Am Ende Ihrer Arbeit sollten Sie Expertin bzw. Experte für Ihr Thema sein können. „Ich bin Expertin für die psychologische Erklärung von Zaubertricks" ist noch recht weit gefasst, genauso wie „Ich bin Expertin für die Folgen von Prokrastination". Versuchen Sie also, das Thema einzuschränken – ein kleineres Territorium abzustecken. Dafür suchen und überfliegen Sie einschlägige Literatur. Fangen Sie, wenn es solche gibt, mit Lehr- und Handbuchliteratur an. So können Sie z.B. im Gebiet der pädagogischen Psychologie die Lehrbuchkapitel zum selbstregulierten Lernen lesen und sich das große Territorium z.B. durch das Anfertigen von Mind-Maps erschließen. Achten Sie darauf, was in der Literatur noch fehlt und welche spannenden Ideen Sie finden. Lesen Sie auch aktuelle Forschungsliteratur, vielleicht nicht sofort, aber auf jeden Fall bald. Versuchen Sie herauszufinden, welche die prominentesten Theorien, wichtige Forscherinnen und Forscher oder Gruppen und bisher ungelösten Fragen sind. Vielleicht gewinnen Sie den Eindruck, dass es wichtig wäre zu wissen, welche Selbstregulationsstrategien Studienanfänger_innen nutzen. In der Forschungsliteratur zu Zaubertricks finden Sie das Stichwort „Metakognition", das Ihnen aus anderen Bereichen bekannt ist und schon dort Ihr Interesse geweckt hat. Die Arbeit, die Sie hier bei der aufmerksamen Erkundung des Territoriums machen, trägt später zu den Schritten 2 und 3 des ersten Zugs nach Swales bei (allgemeine Aussagen treffen und Forschungsstand beschreiben).

Ist es das richtige Territorium? Nicht immer kann man ein ideales Thema finden. Aber Sie haben alles richtig gemacht, wenn Sie auf die Frage, warum es dieses Thema sein soll, spontan antworten können – „weil es so spannend ist, stell dir vor ...", „weil es wichtig ist, nimm mal an ...", „weil es doch wirklich merkwürdig ist, dass ...".

(Dies wird später Schritt 1 in der Einleitung: das eigene Thema als zentral zu markieren.)

Zug 2: Eine Nische finden

Nun, da das Territorium abgesteckt ist, können Sie es auf verschiedene Weisen erkunden. Um eine konkrete Idee zu entwickeln, suchen Sie am besten eine Nische, d.h. einen kleinen Aspekt in der Forschung. Schauen Sie sich dazu nach Ihrer Territoriumsbegehung Ihre Aufzeichnungen in Ruhe an. Welche Frage, welches Problem „springt" Sie an? Nutzen Sie dafür Ihre eigene Neugier, aber auch die Literatur, die Sie gelesen haben. Jetzt ist es übrigens angebracht, Forschungsliteratur gründlich zu lesen. Auch die Betreuer_innen Ihres Projekts können Ihnen beim Aufspüren einer Nische helfen – und sie tun das unserer Erfahrung nach umso lieber, je mehr sie merken, dass Sie sich bereits in Ihrem Territorium auskennen.

- Gut eignet sich als Nische eine Forschungslücke, die in Texten jüngeren Datums genannt wird (die Diskussion am Ende von Originalartikeln ist eine Fundgrube für solche Forschungsdesiderate). Beispiel: Sie lesen, dass Zaubertricks oft deswegen funktionieren, weil Menschen nicht wissen, wie ihre eigene Aufmerksamkeit funktioniert (mangelnde Metakognition). Sie leiten daraus die Vermutung ab, dass ein aufmerksamkeitsbezogenes Metakognitionstraining Zuschauer_innen helfen sollte, Tricks zu erkennen.
- Eine andere Möglichkeit ist, eine unbekannte Kombination bekannter Aspekte zu untersuchen – eine neue Gruppe als Stichprobe, eine veränderte unabhängige Variable, eine andere abhängige Variable, anderes Material. Beispiel: Vielleicht interessieren Sie sich dafür, ob das, was man über Prokrastination von Lernaktivitäten weiß, auch für Freizeitaktivitäten gilt.
- Vielleicht haben Sie Probleme in einer Untersuchung gefunden – einen übersehenen Einfluss, eine fragwürdige Operationalisierung oder eine mögliche Konfundierung.
- Möglich ist es auch, einen existierenden Forschungsstrang weiterzudenken. Ihnen fällt vielleicht auf, dass ein Training gegen Prüfungsangst um ein ressourcenorientiertes Modul ergänzt

werden muss. Sie entwickeln ein solches Modul und evaluieren die Ergänzung im Vergleich zu dem bereits etablierten Training.

Wenn Studierende bei ihrer Fragestellung unsicher sind, liegt das oft daran, dass sie noch nicht genug gelesen haben. Oft sprechen sie aber auch nicht genug mit Lehrenden, Tutor_innen, Freund_innen oder Berater_innen in Schreibzentren. Ideen entwickeln sich beim Sprechen, und das kann man nutzen.

Wie liest man mit dem Ziel, eine Fragestellung zu finden? Sternberg (2005) empfiehlt, ein paar Fragen tiefergehend zu verfolgen, nicht vieles oberflächlich. So entwickelt man Kenntnis von seinem Territorium und versteht, in welcher „Korngröße" sich psychologische Forschung hier abspielt. Lesen Sie verschiedene Artikel, die sich mit derselben Frage befassen und im besten Fall unterschiedliche Perspektiven einnehmen. Sie können dazu nach Artikeln mit ähnlichen Schlüsselbegriffen suchen oder ausgehend von einem Artikel neuere Texte lesen, die diesen zitieren. Zusätzlich sollte man auch historisch rückwärts suchen, also ältere Artikel lesen, die häufig zitiert werden.

Zug 3: Die Nische besetzen

Zug 3 besteht daraus, die konkrete Forschung zu planen. Herzstück der konkreten Untersuchung ist die Forschungsfrage. Die 3 Züge und ihre Schritte führen Sie auch zu dieser Forschungsfrage. Die Forschungsfrage entsteht in der Lücke und wird beim Besetzen dieser Lücke ausformuliert.

> Analysieren Sie die Züge und Schritte (*moves and steps*) in einem der Artikel, die Sie unter „Beispieltexte" (⇨ 11.3) finden. Überlegen Sie analoge Züge und Schritte für Ihre Arbeit.

Forschungsfragen sind meist explizit als Fragen formuliert. Manchmal verzichten die Autor_innen jedoch auf eine explizite Formulierung und nennen stattdessen das Ziel der Arbeit. Die folgende

Tabelle gibt Beispiele für die unterschiedlichen Arten von Formulierungen.

Tabelle 8: Beispiele Formulierungen von Forschungsfragen (in Anlehnung an Späth-Hilbert & Imhof, 2013, 25–26).

Zusammenhänge untersuchen	„To summarize, two primary research questions were addressed. First, what is the relation between the motivational beliefs emphasized in models of self-regulated learning and students' levels of procrastination? Second, what is the relation between students' reported procrastination and their reported use of the cognitive and metacognitive strategies important for self-regulated learning?" (Wolters, 2003).
Erklären	„Our main goal was to construct a paradigm model on the basis of college students' self-reports" (Schraw, Olafson & Wadkins, 2007).
Veränderungen herbeiführen	„Our main research question can be stated as follows: Is it possible to avoid procrastination through a time management intervention?" (Häfner, Oberst & Stock, 2014).
Evaluieren	„The objective of the current study was thus to examine the efficacy of Internet-based CBT for procrastination in a randomized controlled trial, and to investigate whether it matters if participants receive guided self-help or unguided self-help in terms of treatment outcome" (Rozental, Forsell, Svensson, Andersson & Carlbring, 2015).
Beschreiben (in der psychologischen Forschung eher untergeordnet, weil die reine Beschreibung wenig aussagekräftig ist; als Teil der anderen Aspekte ist sie aber wichtig)	„The key question behind this study was: 'What antecedents and consequences do procrastinating students who frequent university counselling services experience?" (Patrzek, Grunschel & Fries, 2012).
Verstehen (ebenfalls eher untergeordnet, spielt aber in qualitativen Untersuchungen eine große Rolle)	„The question guiding our research was: Why do students procrastinate? Our aims for the study were twofold: (a) to ensure a thorough investigation of the antecedents and (b) to attend to the actual voices and experiences of students" (Klingsieck, Grund, Schmid & Fries, 2013).

Hilfreich: Hypothesen

Ein wichtiges Scharnier zwischen Einleitung und Methodenteil stellen die Hypothesen dar. Versuchen Sie, Ihre Fragestellungen in eine oder mehrere konkrete **Hypothesen** zu überführen. Hypothesen sind Annahmen, mit denen man in ein neues Gebiet aufbricht, ähnlich wie Sie bei einer Weltreise Vermutungen über Ihr Reiseziel haben. Nehmen wir an, Sie untersuchen in Ihrer Arbeit das Phänomen der Prokrastination. Sie fragen sich, ob es Unterschiede zwischen dem Prokrastinieren von Freizeitaktivitäten und dem von studiumsrelevanten Tätigkeiten (akademische Prokrastination) gibt. Die Literatur hilft Ihnen, nicht nur diese Frage zu formulieren, sondern auch konkrete Hypothesen: Sie vermuten, dass das schlechte Gewissen bei der Prokrastination von studiumsrelevanten Tätigkeiten größer ist als bei der Prokrastination von Freizeitaktivitäten. Nun haben Sie eine konkrete Annahme, mit der Sie „ins Feld starten" bzw. – um in der Metapher zu bleiben – auf die Reise gehen können. Sie wagen sich damit über das bereits Bekannte hinaus.

Je nachdem, wie viel man bereits über ein Phänomen weiß bzw. was genau man herauszufinden beabsichtigt, sind unterschiedliche Arten von Hypothesen angebracht. Die oben genannte Hypothese ist eine gerichtete Unterschiedshypothese. Wenn Sie aus der bisherigen Forschung nichts über die Richtung des Unterschieds ableiten können, hätten Sie ungerichtet formuliert, dass sich Unterschiede finden lassen. Interessiert Sie weniger ein Unterschied als der Zusammenhang zwischen den zwei Variablen, dann formulieren Sie eine Zusammenhangshypothese, etwa dass das schlechte Gewissen umso größer ist, je notwendiger die prokrastinierte Tätigkeit für den Studienerfolg ist.

Alle Hypothesen in den bisherigen Beispielen waren unspezifisch, da sie keine Aussage über die Größe des Zusammenhangs oder des Unterschieds enthalten. Spezifisch wäre beispielsweise die Hypothese, dass ein Prokrastinationstraining die Neigung, wichtige Tätigkeiten aufzuschieben, um mindestens eine halbe Standardabweichung senkt. In der Praxis werden Hypothesen allerdings leider fast nie so spezifisch ausformuliert.

Nicht selten ist zu einer Forschungsfrage sogar so wenig bekannt, dass sie sich nicht in konkrete Hypothesen überführen lässt. Die Fragestellung ist dann explorativ (erkundend). Ein Beispiel ist:

„Welche Gründe für akademische Prokrastination nennen Studierende?“

Zwischenstopp: Alles beisammenhalten

Um alles beisammen zu halten, was wir anhand der 3 *moves* erläutert haben, ist die folgende Übung – übernommen aus dem bereits mehrfach erwähnten, sehr empfehlenswerten Buch *The craft of research* (Booth et al., 2016, hier S. 49) – sehr hilfreich. Vervollständigen Sie den Satz in der Textbox.

> Ich untersuche .... (Thema/Territorium), weil ich herausfinden möchte, ... (Fragestellung), um zu .... (Interesse/Ziel).

Wenn Sie diesen Satz vervollständigen können, kann die Reise losgehen. Sie nehmen jetzt tatsächlich am wissenschaftlichen Diskurs teil – und zwar unabhängig davon, wie schön oder eindeutig Ihre Ergebnisse sein werden.

Wir empfehlen außerdem, sich bei jeder Fragestellung wenigstens einmal kritisch zu fragen, wie man mit ihr verwickelt ist. Manchmal bearbeiten Studierende ein Thema, weil es für sie von persönlicher Relevanz ist. Das hat Vorteile – ein hohes Interesse –, aber auch Nachteile. Möglicherweise gewinnt man nicht genug Distanz oder ist mit den gewonnenen Einsichten persönlich so intensiv beschäftigt, dass die wissenschaftlich-inhaltliche Arbeit zu kurz kommt. Der umgekehrte Fall, gar nicht mit seinem Thema verwickelt zu sein, kann jedoch ebenso problematisch sein. Das kann passieren, wenn man ein vorgefertigtes Thema, etwa aus einem größeren Forschungsprojekt einer Dozentin, übernimmt. Hier kann es geschehen, dass man es sich nicht genug zu eigen machen kann.

5.3 Den Methodenteil schreiben

Der Methodenteil psychologischer Arbeiten besteht, wie oben bereits erwähnt, aus festgelegten Abschnitten, die beschreiben, mit welchen Mitteln man seine Frage zu beantworten versucht hat. Diese Mittel reichen vom Untersuchungsdesign bis zum konkreten Versuchsmaterial oder ggf. speziellen Auswertungsverfahren.

Typisch für den Methodenteil ist, dass hier neutral und distanziert beschrieben wird, was getan wurde – genauer gesagt: nicht was getan wurde, sondern was genutzt wurde. Nur ausnahmsweise wird im Methodenteil diskutiert oder begründet. Sprache und Formulierungen sind nicht besonders variantenreich; Sie werden beim Lesen Ihrer Literatur schnell festgestellt haben, dass sich manche Formulierungen oft wiederholen. Sie können sich geradezu ein Vokabelheft mit Satzanfängen und typischen Formulierungen anlegen und brauchen beim Schreiben z.B. nicht darauf zu achten, dass Satzanfänge und Wörter variieren.

Wegen seiner starken Standardisierung lässt sich der Methodenteil vergleichsweise leicht schreiben. Das Schwierige haben Sie bereits geschultert, als Sie ihre Untersuchung so planten, dass Sie Ihre Frage beantworten bzw. Ihre Hypothese prüfen können. Untersuchungsplanung und -durchführung sind nicht Thema des vorliegenden Buchs; wir empfehlen dazu die Lehrbücher, die Sie in Ihrer Methodenausbildung im Studium kennengelernt haben. Die wichtigsten Ergebnisse dieser Planung – das Untersuchungsdesign, die Erhebungs- und Auswertungsmethoden, die Materialien – stellen Sie stark kondensiert im Methodenteil vor. Orientieren Sie sich dabei an dem Ziel, es anderen möglich zu machen, Ihre Untersuchung nachzuvollziehen, ihre Stärken und Schwächen zu erkennen und die Untersuchung zu wiederholen.

Welche Abschnitte im Methodenteil notwendig sind, unterscheiden sich je nach Untersuchung und Spezialgebiet; die häufigsten beschreiben wir im Folgenden kurz. Überprüfen Sie die für Sie relevanten Originalstudien, vor allem Untersuchungen, die Ihrer ähnlich sind, darauf, welche Abschnitte diese setzen.

Im Abschnitt mit der Zwischenüberschrift **Untersuchungsdesign** stellen Sie dar, mit welchem Design Sie Ihre Hypothese untersucht haben. Haben Sie z.B. qualitative oder quantitative Methoden oder ein Mixed Methods-Design (Creswell & Clark, 2011) verwendet? Einen Längsschnitt oder einen Querschnitt, eine experimentelle oder eine Korrelationsstudie durchgeführt? In manchen Bereichen wie der Allgemeinen Psychologie werden zum Design nicht viele Worte verloren, weil man hier möglichst alle Fragen mit Experimenten beantwortet. In anderen Bereichen gibt es verschiedene Designs, die relativ gleichwertig sind, aber spezielle Vor- und Nachteile haben. So kann man mit qualitativen Methoden viel über die Sichtweise anderer erfahren, aber schlecht gerichtete Hypothesen testen, während quantitative Designs rigoroser sind, aber weniger Möglichkeiten lassen, Unerwartetes zu entdecken.

Gemeinsam mit dem Design oder in einem eigenen Abschnitt (mit der Überschrift „Instrumente“) beschreiben Sie **unabhängige** und **abhängige Variablen** bzw. die **Operationalisierung** Ihrer Konstrukte, d.h. die Art, wie Sie eine latente Variable (z.B. Prokrastination) mithilfe einer manifesten Variable (Verhalten, Antworten in Fragebögen, Angaben im Interview u.ä.) messbar gemacht haben.

In einem eigenen Abschnitt beschreiben Sie die **Stichprobe** in ihren wichtigsten Merkmalen (z.B. Größe, Alter, Geschlecht, Ausfall, ...). Wichtig ist, vorab zu bestimmen, wie groß die Stichprobe sein muss, um einen bestimmten Effekt (z.B. Unterschied, Zusammenhang) entdecken zu können. Die vermutete Effektgröße (⇨ 5.4) können Sie aus den Ergebnissen früherer Untersuchungen ableiten. Mit dem Computerprogramm G*Power z.B. (Faul, Erdfelder, Lang & Buchner, 2007) lässt sich der Stichprobenumfang berechnen, den Sie benötigen, um den Zusammenhang nachzuweisen (⇨ 11.1).

Viele Bachelor- und Masterarbeiten verzichten aus praktischen Gründen auf repräsentativ gezogene Stichproben – und auch viele veröffentlichte Arbeiten nutzen sogenannte Gelegenheitsstichproben.[15] Das hat Auswirkungen auf die Aussagekraft bzw. Generali-

15 Dass die Stichproben in den meisten psychologischen Untersuchungen nicht repräsentativ für die Grundgesamtheit „Weltbevölkerung“ sind, wird in der Psychologie unter dem Schlagwort „WEIRD“ diskutiert (Henrich, Heine & Norenzayan, 2010). Das Akronym steht für *western, educated, industrialized, rich* und *democratic*. Es bringt zum Ausdruck, dass Forschung größtenteils an einer kulturellen Minderheit vollzogen wird, weshalb sich eine Verallgemeinerung der Ergebnisse auf die Weltbevölkerung verbietet. Psychologische Studien haben meist selbstselektierte Stichproben, nämlich westliche Psychologiestudierende, die darauf angewiesen sind, Versuchspersonenstunden zu sammeln.

sierbarkeit Ihrer Schlussfolgerungen. Wenn Sie z.B. in einem Forum, in dem Studierende sich über ihre Prokrastinationsprobleme austauschen, Werbung für Ihre Untersuchung machen, so ist es sehr wahrscheinlich, dass in der Stichprobe nur ein bestimmter Teil aller Studierenden vertreten ist, nämlich diejenigen, die unter ihrer Prokrastination leiden. Diese Stichprobe ist selektiv, d.h. bestimmte Merkmale sind systematisch anders vertreten als in der Grundgesamtheit. Falls Sie solche Verzerrungen vermuten, wird dies üblicherweise nicht im Methodenteil dargestellt, sondern bei der Diskussion berücksichtigt. Längere oder gründliche Ausführungen dazu sind in Originalartikeln eher selten; hier empfehlen wir deswegen ausnahmsweise *nicht*, sich an deren Praxis zu orientieren.

Zum Methodenteil gehört auch die Beschreibung des **Vorgehens**, des **Materials** und ggf. notwendiger **Apparate**. Wenn Sie beispielsweise untersuchen, wie sich das Blickverhalten von Personen, die Videos von Zaubertricks ansehen und unterschiedliche metakognitive Instruktionen erhalten haben, unterscheidet, dann beschreiben Sie die genauen Reize (etwa Filme und deren Dauer), die zeitlichen Verhältnisse, das Gerät, mit dem Sie die Blickbewegungen messen und eventuelle andere Reaktionen erfassen usw. so, dass andere das Experiment im Prinzip nachstellen können. Bei Untersuchungen mit Fragebögen gibt man nicht an, wie diese formatiert waren, aber z.B., wo sie ausgefüllt wurden, ob das online oder auf Papier geschah, in Gruppen oder allein und wie lang das Ausfüllen gedauert hat.

Bevor Sie Ihre Untersuchung durchführen, ist es ratsam, das Untersuchungsdesign in einen konkreten **Untersuchungsplan** zu überführen, der alle – auch noch so kleinen – Details der Datenerhebung festlegt, z.B. Ort, Zeit, Instruktionen, Material und Hilfsmittel. Dieser Plan dient zur Selbstkontrolle (habe ich an alles gedacht?); in der Arbeit findet er sich meist im Anhang.

In einem weiteren, häufig dem letzten, Abschnitt des Methodenteils stellen Sie die Auswertungsmethoden, z.B. die **statistischen Analysemethoden**, dar. Falls Sie ausschließlich Standardmethoden verwenden, kann darauf auch verzichtet werden. Jede Methode der Datenauswertung setzt eine bestimmte Beschaffenheit der Daten voraus, damit sie überhaupt angewendet werden kann. Bereits beim Aufstellen der Hypothesen, spätestens jedoch beim Aufstellen des

Untersuchungsdesigns, ist es daher wichtig, die Auswertungsmethoden im Blick zu haben.

Im Methodenabschnitt können Sie, anders als in der Einleitung, in der Sie auf etwas Neues hinauswollen, voraussetzen, dass die Leser_innen die Gründe für die meisten Entscheidungen kennen (etwa die Vorteile eines randomisierten Zweigruppenplans mit Nachtest, aber ohne Vortest, s. Rost 2010, S. 43). Wenn das nicht der Fall ist, weil Sie sich z.B. für ungewöhnliche statistische Verfahren entscheiden, wird die Wahl solcher Verfahren in der Einleitung oder im Methodenteil begründet. Für die passende Stelle der Begründung im Text gibt dafür keine fixen Regeln – überlegen Sie sich am Beispiel der Literatur ggf. verschiedene Möglichkeiten und stimmen Sie sich mit Ihrer Betreuerin oder Ihrem Betreuer ab.

Der Methodenteil ist im Aufbau und in den Formulierungen sehr standardisiert. Diese Standardisierung erleichtert das Schreiben, das dann eher einem Abarbeiten gleicht. Daher bietet es sich für viele Studierende an, genau mit diesem Teil zu beginnen. Eine gute Strategie zur Vorbereitung ist, sich Methodenteile von empirischen Originalartikeln aus dem eigenen Forschungsbereich anzuschauen und den eigenen Methodenteil anhand dieser Beispiele zu strukturieren.

Bei der Länge Ihrer Beschreibungen sollten Sie eher über derjenigen von empirischen Originalarbeiten liegen, da Sie mit Ihrer Arbeit ja zeigen wollen, dass Sie an Forschung teilhaben können; „echte" Autor_innen müssen natürlich auch gut arbeiten, aber nicht mehr den Nachweis führen, dass sie über alles sauber nachgedacht haben. Es empfiehlt sich also, die Ausführungen im Methodenteil nicht allzu knapp zu halten. Seien Sie aber auch nicht zu ausführlich. Wie bei anderen Textteilen kann es auch hier sinnvoll sein, die Abschnitte des Methodenteils zweimal zu schreiben: erst ausführlich, um sie sich selbst klar zu machen, danach auf das Wesentliche, das andere wissen müssen, gekürzt.

5.4 Den Ergebnisteil schreiben

Der Ergebnisteil enthält eine nüchterne Darstellung der Ergebnisse.

> Ähnlich wie der Methodenteil ist auch der Ergebnisteil sehr standardisiert aufgebaut. Für quantitative Untersuchungsdesigns folgt er meist dem Dreischritt von (1) Beschreibung der Daten durch Ergebnisse der deskriptiven Statistiken, (2) Charakterisierung der statistischen Bedeutsamkeit der Ergebnisse durch inferenzstatistische Statistiken und (3) Charakterisierung der praktischen Bedeutsamkeit der Ergebnisse durch Darstellung der Effektgrößen.

Im ersten Teil des Ergebnisteils beschreiben Sie mit **deskriptiver Statistik**, was Sie gefunden haben, z.B. wie häufig Prokrastination ist (Häufigkeitsmaße), wie stark die Werte um den Mittelwert streuen (Maße der zentralen Tendenz) und wie die Prokrastination und das schlechte Gewissen zusammenhängen (Zusammenhangsmaße). Im nächsten Teil nutzen Sie Verfahren der **Inferenzstatistik**, mit denen Sie Ihre Hypothesen prüfen. Üblicherweise geben Sie durch die Effektgröße – in einem nächsten Schritt oder in den zweiten integriert – an, ob ein statistisch abgesichertes Ergebnis auch ein relevanter Effekt (z.B. Unterschied, Zusammenhang) ist. Wenn Sie mehrere Hypothesen prüfen wollen, kann es sinnvoll sein, diese nacheinander abzuarbeiten. Dazu wiederholen Sie die Hypothese (ggf. sogar als Untertitel) und zitieren dann die Ergebnisse der Analyse als Zeugen, die die Hypothese belegen oder widerlegen.

Nicht nur der Inhalt eines Ergebnisteils ist stark standardisiert, sondern auch die formalen Aspekte. Die Ergebnisse der statistischen Analysen werden meist entweder in Abbildungen (z.B. Strukturgleichungsmodell) oder in Tabellen (z.B. Korrelationstabelle) präsentiert. Abbildungen werden häufig auch zur schematischen Darstellung von theoretischen Modellen im Theorieteil genutzt. Einzelne statistische Kennwerte werden im Fließtext genannt. Der Text wiederholt in keinem Fall das, was in den Tabellen und der Abbildung dargestellt ist, sondern liefert Hintergrundinformationen oder interpretiert die Darstellung (⇨ 3.2).

An geeigneter Stelle im Text muss auf die Tabellen und die Abbildung verwiesen werden. Wenn es für eine Ergebnisdarstellung keine Tabelle oder Abbildung gibt, werden die statistischen Kennwerte im Text berichtet. Wie genau eine Tabelle formatiert und beschriftet, eine Abbildung erstellt und beschriftet wird bzw. statistische Kennwerte in den Text integriert werden, lesen Sie am besten in betreffenden Richtlinien zur Manuskriptgestaltung nach (⇨ 6.1). Kopieren Sie Tabellen nicht direkt aus Statistikprogrammen – meist enthalten diese mehr Information als nötig, und selbst erstellte Tabellen kann man lesbarer formatieren als kopierte.

Was so einfach und klar aussieht, verlangt Ihnen allerdings einiges ab. Erstens: Der Ergebnisteil ist beschreibend; es wird nicht interpretiert. Es wird von Ihnen hier eine neutrale Haltung erwartet. Es ist möglicherweise nicht leicht, diese Haltung einzunehmen, wenn Sie sich freuen, dass Sie etwas Interessantes herausgefunden haben, oder enttäuscht sind, dass sich Ihre Hypothese nicht belegen ließ. Wissenschaft verlangt aber eine unbeteiligte Haltung, und der Ergebnisteil zeigt diese ganz anschaulich.

Zweitens: Am Ende der Datenauswertung liegen in der Regel mehr Ergebnisse vor, als die Beantwortung Ihrer Frage verlangt. Sie müssen entscheiden, welche Ergebnisse wichtig sind. Die Antwort ist zwar einfach – diejenigen, die die Hypothese belegen oder widerlegen können oder die Forschungsfrage beantworten –, aber erstaunlich schwer umzusetzen. (Das gilt auch für manche Forscher_innen.) Meist findet man weitere Aspekte in den Daten, die zwar nicht zur Untersuchungsfrage gehören, aber doch interessant sind. Warum gibt es Ausreißer in den Reaktionszeitdaten? Warum unterscheiden sich die Daten in zwei Bedingungen, über die Ihre Hypothese nichts aussagt? Warum sind die Mittelwerte der Prokrastinationsneigung in der Kontrollgruppe einer Trainingsstudie niedriger, als die Literatur vermuten lässt? Vorsicht! Man kann sich Forschung in der Psychologie bildlich als Harpunenfischen vorstellen: Unter all den vorhandenen Sachverhalten (Daten) ist nur einer – ein einzelner Fisch – interessant, derjenige, der gegen oder für die zu testende Hypothese spricht. Viele Menschen neigen hingegen zum Schleppnetzfischen: Sie sammeln alles auf, was sich findet und interessant sein könnte.[16] Im Prinzip könnte man auch diese Daten berichten, aber die Psychologie tut das meist nicht. Konzentrieren Sie sich also auf das Relevante. Natürlich können das bei mehreren Hypothesen oder abhängigen Variablen auch mehrere Fische sein, aber nie alles, was Ihnen vor die Harpune kommt.

Drittens: Fangen Sie mit dem Wichtigen an. In vielen Texten, die uns im Alltag begegnen und die Sie daher schon länger – und vielleicht sogar besser – kennen als psychologische Texte, ist es üblich, einen langen Spannungsbogen aufzubauen und erst am Ende mit dem Wichtigen herauszurücken. In psychologischen Texten machen Sie es genau umgekehrt. Die Spannung entsteht, weil die Leser_innen, nachdem sie gelesen haben, was der Fall ist, die Begründung kennen wollen.

Viertens: Ergebnisteile sind sehr dicht. Es gibt praktisch keine Füllwörter oder andere Textstellen, an denen man als Leser_in verschnaufen könnte; alles ist wichtig. Das ist – auch für Forscher_innen! – anstrengend zu lesen, aber es kondensiert den Text auf das Allernotwendigste. Deswegen sind auch keine Redundanzen von Text und Tabelle erlaubt. Üblicherweise hilft es Leser_innen beim Verstehen, wenn Texte eine gewisse Redundanz aufweisen, aber hier müssen Sie auf das Mittel der Wiederholung verzichten.

Im Ergebnisteil sprechen Sie gewissermaßen eine Fremdsprache (⇨ Kap. 6). Beruhigend ist, dass es für diese Sprache keine Muttersprachler_innen gibt. Man lernt sie nur durch *deliberate practice*. Als *deliberate practice* versteht man in der Psychologie den Prozess des zielgerichteten Übens (Ericsson, Krampe & Tesch-Römer, 1993). Um eine neue Fertigkeit zu erlernen, bedarf es einer kontinuierlichen Ausführung dieser Tätigkeit – das berühmte Üben, Üben, Üben. Die Expertise-Forschung zeigt, dass es dabei nicht nur auf die Menge des Übens ankommt, sondern auch auf die Qualität. So ist es, wenn Sie ein Instrument lernen möchten, wichtig, Übungsziele zu haben

16 Das (leider etwas martialische) Bild stammt von meinem Lehrer Odmar Neumann. Es hat mir sehr geholfen, die „Denke" der Psychologie zu verstehen, auch wenn ich mir Daten nicht gerne als harpunierte Fische vorstelle. – Nach den Regeln der DGPs wäre es mit einem Klammerbeleg zu versehen: (O. Neumann, persönliche Mitteilung, Datum). Ein solcher Beleg entpersonalisiert jedoch die wissenschaftliche Arbeitsbeziehung – ein Beispiel für die eingangs erwähnten epistemologischen Folgen von Schreibkonventionen –, weswegen ich ihn hier nicht verwende. I.S.

und schrittweise Komplexität und Schwierigkeit zu steigern. Auf das Schreiben von wissenschaftlichen Texten übertragen, bedeutet dies, dass Sie zunächst mit dem gründlichen Lesen von psychologischen Originalartikeln beginnen, dann in eigenen Texten versuchen, diese Texte zu imitieren, bis Sie diese Art von Fremdsprache so beherrschen, dass Sie eigene Texte in dieser Sprache verfassen können. Bedenken Sie, dass Sie in der Bachelor- oder Masterarbeit ggf. etwas ausführlicher erklären, beschreiben und begründen müssen als etablierte Forscher_innen in Artikeln. Hilfreich ist es, sich in mehreren Kürzungsschritten an die erforderliche Dichte heranzuarbeiten.

5.5 Die Diskussion schreiben: Was hat es gebracht? Und wie war die Idee?

Der nüchternen Darstellung der Ergebnisse folgt deren Interpretation. Auch diese ist in der Psychologie vergleichsweise nüchtern und zurückhaltend, geht jedoch schrittweise über die Ergebnisse hinaus. Im ersten Abschnitt der Diskussion fassen Sie die Ergebnisse der Untersuchung kurz und prägnant zusammen. Im Gegensatz zum Ergebnisteil verzichten Sie dabei auf die statistischen Kennwerte. Die Darstellung soll für ein mit psychologischer Forschung vertrautes Publikum verständlich sein.

Im ersten Schritt der Interpretation werden die Ergebnisse auf die Hypothesen oder explorative Fragestellung bezogen: Belegen die Ergebnisse Ihre Hypothesen? Welche Antwort auf die explorative Frage können Sie nun geben? Im zweiten Schritt diskutieren Sie, welche Aspekte des Untersuchungsdesigns zum Ergebnis beigetragen haben können. Vielleicht wäre das Ergebnis anders ausgefallen, wenn Sie ein anderes Instrument gewählt hätten? Können Ihre Ergebnisse ohne weiteres generalisiert werden? Ist Ihr methodischer Zugang objektiv oder laufen Sie Gefahr, dass eine sozial erwünschte Antwort die Ergebnisse verzerrt? Häufig ist dieser Abschnitt mit „Grenzen der Untersuchung" überschrieben. Zur gründlichen Vorbereitung dieses Abschnitts ist es sinnvoll, das gesamte Untersuchungsdesign kritisch unter die Lupe zu nehmen und sich für jeden Teil (Stichprobe, Instrumente, Auswertungsmethoden) Optimierungsmöglichkeiten zu überlegen und diese zu diskutieren. Notizen dazu können Sie schon während des Schreibens am Methodenteil machen.

Der dritte Schritt der Interpretation ist eigentlich ein Schritt zurück. Sie treten von Ihrer Arbeit an den Daten zurück und überlegen aus der Distanz, welche Schlussfolgerungen Sie aus Ihren Ergebnissen für die Forschung, die Theoriebildung und die Praxis ziehen können. Welche nächsten Schritte für die Forschung ergeben sich aus Ihren Ergebnissen? Sollte die Studie z.B. noch einmal an einer anderen Stichprobe repliziert werden oder eine bestimmte Variable noch einmal genauer untersucht werden? Wie müssen Theorien angesichts Ihrer Ergebnisse ergänzt werden? Welche Handlungsempfehlungen leiten sich aus Ihren Ergebnissen für die Praxis ab? Aus dem Befund, dass Studienanfänger_innen wenige Selbstregulationsstrategien kennen, ergibt sich vielleicht, dass sie in der Studieneingangsphase ein entsprechendes Training absolvieren sollten. Der erste Schritt der Interpretation bildet meistens den Schluss des Ergebnisteils, während Schritt zwei und drei noch im Diskussionsteil der Arbeit verortet sind (⇨ 3.2).

Zu den Zügen *(moves)* in Diskussionen zählen nach Yang und Allison (2003) die folgenden:

- die Ergebnisse zusammenfassen
- die Untersuchung zusammenfassen (das ist etwas anderes als nur die Ergebnisse zusammenzufassen!)
- die Ergebnisse kommentieren mit den Schritten
  - interpretieren
  - mit der Literatur vergleichen
  - Ergebnisse erklären
  - Ergebnisse bewerten
- die Untersuchung bewerten mit den Schritten
  - Grenzen aufzeigen
  - Bedeutung aufzeigen
  - Methoden bewerten
- Schlussfolgerungen ziehen mit den Schritten
  - Vorschläge machen
  - weitere Forschung empfehlen
  - praktische Folgen skizzieren.

Analysieren Sie die Züge und Schritte in der Diskussion eines der Beispieltexte (⇨ 11.3) nach dem obigen Schema und überlegen Sie, ob Sie diese Züge und Schritte auf Ihre eigene Arbeit übertragen können.

5.6 Besonderheiten von Literaturarbeiten

Auch für eine reine Literaturarbeit können Sie Swales' Sanduhr-Modell oder Sternbergs Modell der Aufgaben von Einleitungen nutzen (⇨ 3.2; S. 30+35). Die drei Züge und ihre Schritte hat Swales hingegen an empirischen Arbeiten identifiziert, und sie lassen sich nicht direkt übertragen. Während Sie das Territorium auch in einer Literaturarbeit abstecken müssen, spielen die Lücke und vor allem ihre Besetzung eine geringere Rolle – Zug 1 lässt sich also übertragen, aus Zug 2 und 3 jedoch nur einzelne Schritte.

Bei einer Literaturarbeit gibt es keinen eigenen Methodenteil, und auch wenn sie zu Ergebnissen führt – die Schlussfolgerungen, die Sie aus der Lektüre von Texten ziehen –, fällt die Schilderung derselben anders aus. Das führt dazu, dass Sie bei der Gestaltung dessen, was zwischen Einleitung und Diskussion passiert, freier sind und sich die Gliederung selbst erarbeiten.

Eine solche Gliederung ist meist inhaltlich motiviert. Überlegen Sie, welche Teilschritte Sie zur Beantwortung Ihrer Frage gehen müssen. Wichtige Teilschritte sind z.B. das Zusammenfassen und Systematisieren der Literatur, das Analysieren der Literatur im Hinblick auf die Beantwortung Ihrer Frage und das Aufdecken von Stärken und Schwächen der Literatur. Dann überlegen Sie, aus welchen zentralen Bestandteilen sich Ihre Literatur zusammensetzt. Geht es um die Klärung einer Streitfrage? Dann eignet sich vielleicht eine Pro-Contra-Organisation. Bringen Sie zwei Themenbereiche oder Konzepte zusammen? Dann können Sie erst auf das eine, dann auf das andere und schließlich auf die Synthese eingehen. Versuchen Sie, die Entwicklung einer Forschungsrichtung zu verstehen? Dann eignet sich möglicherweise eine chronologische Struktur.

Weil sie weniger festgelegt sind, muss man die zentralen inhaltlichen Teile von Literaturarbeiten genau planen. Dabei dürfen Sie Ihrem eigenen Urteil folgen. Prüfen Sie beispielsweise, ob eine Änderung der Reihenfolge der Unterabschnitte Ihre Argumentation stärken kann oder verständlicher macht. Manche Leute legen sich schnell auf eine endgültige Gliederung fest, andere erarbeiten diese erst während der Arbeit oder ändern sie mehrfach. Beides kann zum Erfolg führen.

In der Diskussion können Sie wieder ganz ähnlich vorgehen wie oben beschrieben. Lediglich die Züge und Schritte, die sich direkt auf die Untersuchung und ihre Kritik beziehen, lassen Sie aus. Dennoch müssen Sie kritisch auf Ihre eigene Arbeit schauen, etwa indem Sie Schwächen bei der Literaturauswahl diskutieren.

Sie müssen dieses Kapitel nicht „Diskussion" nennen. Vielleicht ziehen Sie eher ein Fazit. Oder Sie machen beides. Da für die Gliederung von Literaturarbeiten keine Standards existieren und auch die Leser_innen weniger genau wissen, was sie erwartet, können Sie den Text durch eigene Überschriften oder Hinweise gliedern. Machen Sie zum Beispiel am Anfang klar, wie Sie vorgehen werden (z.B. „Das Fazit gliedert sich in folgende Schritte: ..."), oder zeigen Sie den Übergang zwischen einzelnen Teilen an (z.B. „Nachdem im Vorangegangenen verschiedene mögliche Erklärungen für die Ergebnisse vorgestellt und diskutiert wurden, fasse ich im Folgenden die wesentlichen Lücken zusammen.").

6. Eine Fremdsprache sprechen: Psychologischer Stil

Angesichts der stilistischen Unterschiede zwischen verschiedenen Textformen in der Psychologie oder zwischen englischen und deutschen Texten geben wir hier keine generellen Ratschläge zum Stil psychologischer Texte, sondern gehen lediglich auf einige wichtige Phänomene ein. Das soll Ihnen helfen, Unterschiede zu bemerken und zu verstehen und sich in Bezug auf Ihr eigenes Schreiben zu orientieren.

Eine Bemerkung vorab: Es gibt keinen guten oder schlechten Schreibstil an sich. Was in einer Situation nützlich ist und Leser_innen klar scheint, kann in einer anderen Situation oder in einem anderen Fach oder einer anderen Gruppe unangemessen und wahlweise hochgestochen, schwerfällig oder trivialisierend vorkommen. Was für Fachleute klar und gut geschrieben erscheint, kann auf Publikum von außerhalb durchaus unklar oder hölzern wirken. Deswegen ist die oft vorgebrachte Empfehlung, möglichst klar zu schreiben, wenig aufschlussreich. In einer Hinsicht ist sie jedoch richtig und wertvoll: Die Sachverhalte müssen *Ihnen* klar sein. Und sicher kann man auch eine zweite Empfehlung aus ihr ableiten: Versuchen Sie nicht, möglichst komplex zu schreiben, um wissenschaftlich zu wirken. Viele exzellente Texte sind einfach und klar geschrieben. Suchen Sie nach Texten, die auf Sie einen verständlichen und guten Eindruck machen und versuchen Sie herauszufinden, durch welche *fachspezifischen* und *individuellen* stilistischen Besonderheiten deren Autor_innen das erreichen. Sie können auch Ihre Betreuerin oder Ihren Betreuer nach solchen Texten fragen, aber gerade dann, wenn es darum geht, gut *geschriebene* Texte zu identifizieren, sollten Sie auch Ihrem eigenen Eindruck vertrauen: Welche Texte lesen Sie besonders gerne oder besonders gespannt; wo fühlen Sie sich „gut behandelt“ oder mitgenommen, welche Sprache macht Ihnen Spaß und ist anschaulich und erklärend?

Was macht diesen Text so klar?

„Was ist Lernmotivation?

Geht es um die Förderung von Lernmotivation, muß zunächst klar sein, was da genau gefördert werden soll. Hierzu gibt es nämlich durchaus unterschiedliche Sichtweisen. Eine enge (handlungstheoretische) Definition sieht in Lernmotivation die ‚*Bereitschaft der Person, bestimmte Lernaktivitäten vornehmlich deshalb auszuführen, weil sie sich von ihnen Lernzuwachs verspricht*' (Rheinberg, 1986, S. 360)" (Rheinberg & Fries, 1998, S. 168).

6.1 Richtlinien der Manuskriptgestaltung

Die formalen Aspekte eines Textes sind in der Psychologie recht standardisiert. Obwohl jede Textsorte eigene Vorgaben hat (z.B. Nummerierung von Überschriften), gelten einige Vorgaben für fast alle psychologischen Texte. Sie orientieren sich an den Richtlinien zur Manuskriptgestaltung, die von den psychologischen Zeitschriftenverlagen vorgegeben werden. Die bekanntesten sind die Richtlinien der APA und der DGPs; sie decken sich in den meisten Punkten. Die Richtlinien legen z.B. fest, wie das Manuskript formatiert sein muss, wie Abbildungen und Tabellen gestaltet werden müssen und wie in dem Manuskript auf Texte verwiesen wird, die die Autor_innen beim Schreiben des Manuskripts herangezogen haben. Kurzfassungen der Richtlinien finden Sie auf den Homepages wissenschaftlicher Organisationen oder Zeitschriften[17] oder als Druckversion in Ihrer Bibliothek (APA, 2010; DGPS, 2016). Häufig geben auch die Betreuer_innen selbst eine Zusammenfassung der Richtlinien an ihre Student_innen weiter.

In der Anwendung dieser Richtlinien auf Bachelor- oder Masterarbeit müssen Sie allerdings beachten, dass sie für ein *Manuskript* gelten, während Sie einen abschließend formatierten Text abgegeben. Viele wissenschaftliche Betreuer_innen legen Wert da-

17 z.B. beim Hogrefe-Verlag: www.hogrefe.de (suchen Sie unter „Zeitschriften") oder der APA: www.apastyle.org

rauf, dass die Gestaltung des Literaturverzeichnisses und der Verweise im Text den Richtlinien folgt, sich die Studierende aber in allen anderen Aspekten (z. B. Tabellen, Zeilenabstand) an Standards für fertige Texte orientieren. Klären Sie dies frühzeitig. Für die tatsächliche Umsetzung der Richtlinien im Text lohnt sich ein Blick in einen veröffentlichten Artikel. Die Artikel der psychologischen Zeitschriften, die beim Hogrefe Verlag erscheinen, richten sich z.B. nach den DGPs-Richtlinien. Die Artikel der psychologischen Zeitschriften beim Elsevier Verlag nutzen zumindest in der Zitierweise die APA-Richtlinien.

6.2 Die Verwendung von „ich" und „wir" und die Subjektivität

Wir werden von Studierenden oft gefragt, ob sie in ihren Texten „ich" sagen dürfen. Das ist manchmal als reine Informationsfrage gemeint („darf ich?"), führt oft aber auch weiter zu der sehr interessanten Frage, wie man in Texten sichtbar werden und den Bezug zur potentiellen Leserschaft gestalten kann.

Zunächst lassen wir die Katze aus dem Sack: Das „Ich" oder „Wir" (für die vielen Texte, die von Autorengruppen geschrieben werden[18]) ist in der Psychologie durchaus erlaubt. Die APA empfiehlt sogar explizit, die erste Person zu verwenden, wenn sich damit Mehrdeutigkeiten vermeiden lassen (APA, 2010, S. 69f.).

Dennoch wird die erste Person recht selten gebraucht. Wie erklärt sich das? Oft wird behauptet, dass Formulierungen mit „ich" oder „wir" anstelle der Wissenschaft die forschende Person in den Mittelpunkt rücken. Es sei aber unwichtig, *wer* forsche; empirische Forschung nutzt klar bestimmte Verfahren und Methoden, die im Grunde von jeder Person mit der entsprechenden Expertise angewandt werden können. Dementsprechend wird die persönliche Beteiligung der Forscher_innen als irrelevant wahrgenommen: „In the sciences it is common for writers to downplay their personal

18 Neben diesem „Wir" gibt es auch einen Wissenschaftsplural, bei dem einzelne Personen von sich selbst als „wir" sprechen. In der Psychologie ist das äußerst unüblich.

role to highlight the phenomena under study, the replicability of research activities, and the generality of the findings, subordinating their own voice to that of unmediated nature" (Hyland, 2005, S. 181). Wie oben erwähnt (⇨ 2.2), gehört zu vielen Wissenschaften eine gewisse Bescheidenheit oder Demut. Man rückt nicht die eigene Leistung in den Vordergrund, sondern lässt die Sache – in der Psychologie meist: die Daten – sprechen. Eine unpersönliche, weitgehend neutrale, oft im Passiv formulierte Sprache unterstützt das.[19]

In manchen Situationen ist das „Ich" allerdings kommunikativ plausibel oder gar erforderlich. So käme niemand auf die Idee, die erste Person Singular in der Danksagung zur Masterarbeit zu vermeiden. Ein anderer Anlass sind die Situationen, in denen man eine Entscheidung zwischen zwei gleichwertigen Optionen treffen muss und das der Leserschaft signalisiert. Dann ist es plausibel zu schreiben: „Ich habe mich entschieden, die Daten regressionsanalytisch und nicht varianzanalytisch auszuwerten". Im ersten Fall – der sicherlich ein Sonderfall ist – spricht die schreibende Person, und zwar *als diese Person*. Der zweite Fall ist ein Beispiel für ein *Wissenschaftler-Ich*. Es wird in psychologischen Texten selten verwendet (gebräuchlicher wäre „Es wurde die Regressionsanalyse ausgewählt"), hat aber durchaus eine wichtige Funktion. Plausibel ist die erste Person fernerhin, wenn man *als Verfasser-Ich* spricht, also etwa wenn man erläutert, in welchen Schritten man in der Einleitung des eigenen Textes vorgehen wird. Verzichtbar hingegen ist das *Erzähler-Ich*. Formulierungen wie „Ich habe 42 Studierende der Psychologie in der Bibliothek für meinen Versuch rekrutiert" sind zu narrativ; hier wäre das Passiv zu verwenden: „Für den Versuch wurden 42 Studierende in der Bibliothek rekrutiert."

Fernerhin ist das „Ich" auch überall dort sinnvoll, wo in der Forschung die Situiertheit des eigenen Wissens reflektiert wird – also dass man aus einer bestimmten Zeit, Kultur, Rolle denkt und spricht. Allerdings verstehen viele stark naturwissenschaftlich orientierte Bereiche der Psychologie ihr eigenes Wissen nicht als situiert – obwohl Theorietraditionen wie Situierte Kognition, die soziokulturelle

19 Billig (2013) fragt in einer sehr interessanten Analyse danach, was es eigentlich bedeutet, wenn Forschung über den Menschen einen solchen Stil benutzt. Ein lesenswertes Buch!

Psychologie oder auch die kulturvergleichende Psychologie gezeigt haben, dass Wissen nie standpunktlos ist.

> Erkunden Sie: Wo verwenden von Ihnen gelesene Autor_innen die Formulierungen „ich/wir/mein/unser …" oder „I/we/my/our …"? In Dateien lassen sich solche Formulierungen schnell suchen. In welchen Situationen und aus welchen Gründen werden diese Varianten der ersten Person verwandt?

Abschließend noch ein wichtiger Hinweis: Ein Text wird nicht allein oder auch nur vornehmlich dadurch subjektiv, dass man die erste Person Singular verwendet. Adjektive und Adverbien („überraschenderweise", „unfortunate"), Verstärkungen („deutlich", „ausgesprochen auffällig", „clearly") und Einschränkungen („eher", „vielleicht", „possibly", „vermuten") können mindestens genauso viel Autor_innenperspektive in den Text bringen. Dasselbe gilt für die Texte, auf die man sich bezieht, und die Texte, auf die man bewusst *nicht* eingeht. Alle diese Mittel machen deutlich, dass und wie sich Autor_innen zur Sache positionieren, welchen Standpunkt sie einnehmen. Zu der Frage, mit welchen Mitteln Autor_innen auch in vermeintlich rein sachlichen empirischen Forschungsartikeln einen Standpunkt zur Sache und zu den Leser_innen (die ja auch potentielle Standpunkte und Ansichten haben) einnehmen, gibt es einen lebendigen Forschungsdiskurs (z.B. Hyland, 2005).

Wissenschaft wird von Menschen gemacht, von Personen, die forschen, veröffentlichen lehren, sich interessieren oder auch langweilen. Texte leben von ihren Autor_innen, deren Interessen, Interpretationen, Entscheidungen. Man zeigt in *jedem* Text ein „diskursives Selbst" (Hyland, 2005). – Und all das hat die scheinbar so einfache Frage „darf ich?" ausgelöst!

6.3 Heckenausdrücke

In einigen Diskursgemeinschaften innerhalb der Psychologie, etwa der Allgemeinen Psychologie, werden viele Formulierungen verwendet, die in der Sprachwissenschaft als *hedges* (Hecken) bezeichnet werden (s. Hyland, 1996). *Hedging* bedeutet, Aussagen vorsichtig zu formulieren, sich nicht festlegen oder auch auszuweichen.

Tabelle 9: Formulierungen mit und ohne Hecken

Formulierung mit Hecken	Formulierung ohne Hecken
„Diese Daten weisen darauf hin, dass ..." oder „Diese Daten legen nahe, dass ..."	„Diese Daten zeigen, dass ..."
„Es kann davon ausgegangen werden, dass ..."	„Folglich ist ..."
„Man könnte vermuten, dass ..."	„Es ist zu vermuten, dass" ...; allerdings ist auch das Verb „vermuten" eine Hecke

Andere Heckenausdrücke verwenden Zusätze, die auf die Beschränktheit der eigenen Ergebnisse hinweisen: „Man kann also sagen, dass ..., zumindest unter den Rahmenbedingungen der Untersuchung/in der hier untersuchten Stichprobe", „Ob dieser Zusammenhang sich für andere Altersgruppen nachweisen lässt, bedarf weiterer Untersuchungen" oder ähnliches.

Starke Formulierungen wie „Es ist offensichtlich, dass ...", oder „Es kann eindeutig geschlussfolgert werden, dass ...", vielleicht sogar „Das Modell von X ist den vorliegenden Daten zufolge falsch" kommen in psychologischen Texten sehr selten vor. Selbst eindeutige Kritik wird vorsichtig geäußert, wie das folgende Beispiel zeigt: „Die Annahme, dass der Sinneskanal, durch den Reize aufgenommen werden, deren Verarbeitung determiniert, ist damit sowohl aus empirischer als auch aus theoretischer Sicht nicht haltbar" (Creß, 2006, S. 372). Illustriert wird dies auch in einem Buch von Stern und Neubauer (2013). Sie beenden die Darstellung einer Untersuchung von Duckworth und Seligman (2005) mit der Formulierung: „Die (gemittelten) Maße für Selbstdisziplin korrelierten doppelt so hoch mit schulischen Erfolgsindikatoren (bis zu r=.7) wie das Intelligenztestergebnis (bis zu r=.35), woraus die Autoren den Titel ihrer Studie ableiteten. Allerdings darf man nicht daraus schlussfolgern, dass Intelligenz für das schulische Lernen unwichtig und Selbstdisziplin alles sei“ (S. 214). Genau das ist jedoch im Wesentlichen die Schlussfolgerung von Duckworth und Seligman – Stern und Neubauer formulieren hier eine starke Kritik, dies aber rhetorisch sehr unauffällig.

Unserer Erfahrung nach ist *hedging* im Englischen verbreiteter als im Deutschen, weswegen es in Forschungsbereichen in unterschiedlichem Ausmaß eingesetzt wird, abhängig davon, wie stark sie auf englische Literatur zurückgreifen. Die Anweisung von Sternberg (2005, S. 69), es ganz zu vermeiden, es sei denn, eine Behauptung muss tatsächlich eingeschränkt werden, halten wir deswegen auch für zu einfach. Besser ist es, sich am Ausmaß von *hedging* in der Forschungsliteratur, auf die man sich direkt bezieht, zu orientieren: Die angemessene Dosis lässt sich am besten durch aufmerksames Lesen von Texten aus dem jeweiligen Forschungsfeld bestimmen.

Hedging ist ein Beispiel dafür, was Sternberg eine „soft selling technique“ nennt (2005, S. 12), bei der die Unsicherheit von Schlussfolgerungen aus Daten hervorgehoben wird. Die Interpretation als „selling technique“ greift aber zu kurz. Es geht nicht nur darum, die Leser_innen von etwas zu überzeugen, sondern um eine komplexere Beziehung zu Inhalten und Leserschaft. Mit der angemessenen Verwendung von Heckenausdrücken zeigt man z.B., dass man die grundsätzlich skeptische Haltung der Wissenschaft respektiert oder potentielle Einwände der Leser_innen antizipiert.

> Wenden Sie Ihr Wissen an: Nehmen Sie sich einen der liebsten Artikel, am besten sogar den Lieblingsartikel aus Ihrem Studium. Welche Stilelemente erkennen Sie wieder? Welche möchten Sie auch verwenden, welche abwandeln?

Andere Anzeichen für die Positionierung von Autor_innen sind Verstärker (z.B. „stark“, „offensichtlich“), Selbstnennungen (z.B. „ich“) und Hinweise auf Einstellungen oder Bewertungen (z.B. „zentral“, „unglücklicherweise“). Ein weiterer Aspekt von Autorpräsenz ist das Engagement mit der Leserschaft, die sich z.B. in direkter Anrede der Leser_innen („Sie mögen glauben ...“), Anweisungen (z.B. „Note that“) oder Fragen äußert; auch Nebenbemerkungen oder Hinweise auf geteiltes Wissen (denken Sie hierbei an das oben erwähnte kanonische Wissen, ⇨ 3.3) gehören dazu.

In Bezug auf Engagement und Haltung lässt sich vermuten, dass in Qualifikationsarbeiten von Ihnen erwartet wird, die fachspezifische Haltung zu zeigen – etwa die erwähnte, durch *hedging* zum Ausdruck gebrachte skeptische Vorsicht. Explizite Leseführung hingegen ist ein schwieriges Terrain – wegen des bereits erwähnten Problems, dass Ihre primäre Leserschaft die Personen sind, die die Arbeit bewerten. Bei solchen Mitteln wie direkter Anrede, Anweisungen oder Fragen sollten Sie sich also eher zurückhalten.

6.4 Englisch und Deutsch

Eine besondere Komplikation kann entstehen, wenn Sie primär englische Forschungstexte lesen, Ihre Arbeit aber auf Deutsch schreiben. In vielen Bereichen der Psychologie wird überwiegend auf Englisch veröffentlicht, und in den anderen Gebieten nimmt der Anteil englischer Publikationen zu. Sie können dann natürlich nicht mehr, was wir hier oft empfehlen, nachahmen, was Sie lesen. Machen Sie sich deswegen die wichtigen Unterschiede klar. Englische Formulierungen und Texte unterscheiden sich von deutschen in verschiedenen Merkmalen. Einige Beispiele sind folgende:

- Wortwiederholungen klingen weniger unbeholfen.
- Die Sätze sind kurz und fokussiert und bestehen oft nur aus einem einzigen Hauptsatz.
- Es werden weniger Relativsätze eingesetzt. Dies liegt daran, dass den Relativpronomen, anders als im Deutschen, schlecht anzusehen ist, auf welche Substantive sie verweisen. „That" und „which" können auf ein beliebiges Nomen im Vorangegangenen verweisen, während „der" oder „welcher" sich nur auf ein maskulines Nomen im Singular beziehen kann.
- Anstatt durch Nebensätze werden logische Anschlüsse häufig durch sogenannte *transition expressions* markiert, etwa „additionally", „therefore", „however". Sie stehen meist am Beginn des Satzes und machen die Richtung des Argumentationsgangs unmittelbar deutlich.

- Da höhere Anforderungen an die Klarheit einzelner Sätze gestellt werden, wird ein komplexer Sachverhalt in der Regel durch mehrere einfache Sätze ausgedrückt, während er im Deutschen durch einen Hauptsatz mit einschränkenden Nebensätzen oder Nominalphrasen zum Ausdruck gebracht wird.
- Absätze haben eine sehr klare Struktur. Zentral ist, dass sie genau einen wesentlichen Inhalt haben, etwa ein Argument mit drei Beispielen oder ein ausführliches Beispiel. Sie beginnen oft mit einem Satz, der den wesentlichen Inhalt des Absatzes enthält und dadurch in den Absatz einführt. Dieser sogenannte „topic sentence" kann auch an einer anderen, markanten Position im Absatz stehen, ist aber meist der erste. Manche englischen Texte kann man deswegen gut erfassen, indem man erst einmal nur den ersten Satz jedes Absatzes liest.
- In der Regel sind englische Texte ausgesprochen adressatenorientiert, so dass die Leser_innen von Anfang an die zentralen Aspekte kennen und der Textstruktur ohne Schwierigkeiten folgen können. In deutschen Texten ist es sowohl auf Satz- als auch auf Absatz- und Textebene üblicher, Wichtiges spät zu sagen. Damit kann die intellektuelle Spannung lange erhalten werden, was aber, wie erwähnt, nicht das Ziel wissenschaftlicher Artikel ist.

Zuweilen wird behauptet, dass englische Texte besser sind, etwa weil ihre Argumentationslinie klarer ist und sie lesefreundlicher sind. In einigen Punkten ist das sicherlich richtig – das Arbeitsgedächtnis wird beim Lesen weniger belastet, wenn ein kurzer Satz aus wenigen Sinneinheiten gelesen wird, in dem das Wichtigste früh gesagt wird, als wenn das entscheidende Verb erst am Ende eines Satzes nach verschachtelten Nebensätzen auf die Bühne tritt. Texte werden aber auch dadurch leicht erfassbar, dass sie den üblichen Formen der Diskursgemeinschaft folgen oder sehr geläufige Formulierungen nutzen. Deswegen können Leser_innen, die an komplexere deutsche Texte in der Psychologie gewöhnt sind, diese vermutlich so gut lesen wie vermeintlich einfachere englische Texte.

6.5 Eine Schlussbemerkung

Stilistische Regeln werden oft mit sachlichen Argumenten begründet – erinnern Sie sich z.B. an das oben erwähnte Argument, dass es egal sein sollte, wer Forschung betreibt und deswegen auch die erste Person Singular nicht eingesetzt werden sollte. Andere Beispiele sind die Forderung nach Knappheit – begründet mit der mangelnden Zeit von Forscher_innen, lange Texte zu lesen –, die Rolle von Fachvokabular, das notwendig sein soll, um sich schnell und präzise mit anderen Expert_innen zu verständigen, oder das in der Psychologie übliche Belegen in Klammern, das übersichtlich und kurz zu sein scheint.

Diese Sichtweise greift jedoch zu kurz, und zwar in zweierlei Hinsicht. Erstens sind solche Texteigenschaften epistemologisch nicht neutral. Vielmehr *machen* sie etwas mit Wissen und Erkenntnis. Wissenschaften oder Diskursgemeinschaften, die vor allem für Fachleute schreiben, können einen anderen Stil benutzen als solche, die sich auch an die interessierte Öffentlichkeit richten, und Fächer, denen es primär um das Lösen von Problemen und Transportieren von Information geht, können pragmatischer mit Sprache umgehen als solche, in denen ein Gedanke den genau passenden Ausdruck finden muss. Manche Wissenschaften nutzen weniger Fachvokabular als andere, weil sie nicht nur Kolleg_innen aus dem Fach als Adressat_innen ihrer Texte ansehen (Hyland, 2008). Und die verschiedenen Weisen, Literatur anzuführen, haben auch etwas damit zu tun, wie die Leserschaft diese Literatur wahrnehmen und nutzen soll. Wenn Literatur, wie für die APA und DGPs typisch, in Kurzform und Klammern am Ende des Satzes angegeben wird, impliziert das auch, dass man davon ausgeht, dass Wissen gesammelt werden kann und dass Texte im Wesentlichen dazu da sind, Information zu liefern (z.B. Connors, 1999). Billig nennt diese Belegweise wie auch die für die Psychologie typischen sehr kurzen Bezugnahmen auf vorhandenes Wissen, das einfach nur erwähnt, nicht aber erläutert wird, „name dropping" (2013, S. 49ff.): Man präsentiert die eigene Arbeit mit einem eindrucksvollen Hintergrund von mächtigen Freunden und Fachbegriffen.

Stil ist also kein Oberflächenmerkmal, sondern hat mit der Art und Weise zu tun, wie Erkenntnis in einer Wissenschaft funktioniert.

Wenn Sie Mitglied der (oder genauer: einer) wissenschaftlichen Diskursgemeinschaft der Psychologie werden, dann praktizieren Sie Erkenntnis auf die Weise, in der das Psycholog_innen tun, und dazu zählen nicht nur Methoden und Fachwissen, sondern auch die Art und Weise, wie dieses kommuniziert wird.

Durch einen bestimmten Stil signalisiert man auch seine Zugehörigkeit zu einer Gemeinschaft. Vielleicht haben Sie in Ihrer Jugend irgendwann Zugang zu einer Gruppe erlangt, indem Sie gelernt haben, so zu sprechen wie diese, etwa in der Wortwahl oder im Satzbau. Diese Regeln wurden Ihnen damals nicht explizit vermittelt. Genauso ist es auch in der Wissenschaft: Man gewinnt Zugang zu einer Gemeinschaft, indem man allmählich lernt, wie man zu sprechen hat, was ein typisches Ziel ist und wie Probleme üblicherweise gelöst werden. Auch das ist eine Funktion von Stil; Sie zeigen damit, dass Sie bereit sind, so zu sprechen oder zu schreiben wie eine Psychologin bzw. ein Psychologe.

7. Noch mal drangehen?

Texte zu überarbeiten ist kein Schritt nach dem Schreiben, sondern gehört zum Schreiben dazu. Alle professionellen Schreiber_innen – seien sie aus Wissenschaft, Journalismus, Literatur – überarbeiten ihre Texte intensiv und in der Regel mehrfach. Wenn Sie die Einleitung zu Ihrer Qualifikationsarbeit grundlegend überarbeiten müssen, nachdem Sie die anderen Teile geschrieben haben, dann heißt das nicht, dass Sie versagt oder auch nur schlecht gearbeitet haben. Durch das Schreiben dieser anderen Teile wissen Sie nun mehr und können nicht nur besser entscheiden, was wichtig und was unwichtig ist, sondern auch besser argumentieren – und sehen natürlich kritischer auf Ihren eigenen Text.

Überarbeiten Sie! Viele Studierende machen das zu selten, und das sieht man ihren Arbeiten an. Es ist unangenehm, an einen fertig geglaubten Text noch mal drangehen zu müssen, aber es ist notwendig. Und es kann beglückend sein, den Text in einer zweiten Runde deutlich zu verbessern. Vielleicht hilft es Ihnen, beim Überarbeiten nicht nur darauf zu achten, was noch nicht gelungen ist, sondern auch stolz zu sein auf das, was Sie in der ersten Runde schon geschafft haben.

Überarbeitung und Endkorrektur sind zwei getrennte Schritte; wir gehen hier ausführlicher auf die Überarbeitung ein, weil sie für die Qualität des Endergebnisses wichtiger ist und Studierende sie unserer Erfahrung nach gerne ignorieren. Sie benötigen für beide, vor allem aber für die Überarbeitung, viel Zeit und Ruhe. Planen Sie also einen großen Anteil der Schreibzeit für Überarbeitungen ein. Kernelemente der Überarbeitung sind

- inhaltliche Vollständigkeit und Richtigkeit,
- Struktur/Argumentation und
- Stil.

Lesen Sie den Text, ggf. gemeinsam mit einer Person, die Ihnen hilfreiches kritisches Feedback geben kann, und beantworten Sie die Fragen aus den Abschnitten 7.1 bis 7.4. Wir zeigen dort auf, wie auf verschiedenen Ebenen überarbeitet werden kann. Diese reichen von der Kapitelstruktur über Absätze und Sätze bis hin zum Stil. Die einzelnen Punkte der Überarbeitung werden jeweils mit einer Frage eingeleitet, die Sie sich selbst stellen können.

Planen Sie auch dann Zeit für die Überarbeitung ein, wenn Sie erst unter Zeitdruck beginnen, zu schreiben. Sie können den notwendigen Zeitdruck selbst erzeugen, indem Sie sich gegenüber einer wichtigen Person (wenn möglich Ihrer Prüferin oder Ihrem Prüfer, andernfalls Freund_innen, deren Urteil Ihnen wichtig ist) verpflichten, eine erste, inhaltlich und argumentativ fertige Version des Textes deutlich vor dem endgültigen Abgabetermin einzureichen.

7.1 Fragen zur Kapitelstruktur

Welche Funktion hat dieses (Unter-)Kapitel? Ist es für die Arbeit wesentlich und können die Leser_innen seine Funktion schnell erkennen?

Enthält jedes Kapitel genügend komplexe argumentative Zusammenhänge? Studierende neigen dazu, Inhalte in kleine und voneinander getrennte Kapitel zu „zerhacken". (Zwischen-)Überschriften sollten nur zwischen inhaltlich deutlich getrennten Teilen eingefügt werden, etwa wenn Sie in der Einleitung von der Identifikation der Forschungslücke zu einem von Ihnen entwickelten Erhebungsverfahren übergehen. Wenn Sie hingegen mehrere theoretische Ansätze zum selben Thema schildern, genügt es, den Übergang von der einen zur nächsten Theorie durch Formulierungen klarzumachen. Hier ein Beispiel: „Anders als Atkinson und Shiffrin (1968), die das Kurzzeitgedächtnis für eine eigene strukturelle Einheit halten, geht Cowan (2008) davon aus, dass es als der gerade aktive Teil des Langzeitgedächtnisses verstanden werden kann." Mit einer solchen Formulierung leiten Sie elegant von einem zu einem anderen Verständnis des Arbeitsgedächtnisses über. Solange wie Sie sich Inhalte erarbeiten und dafür einen guten Überblick benötigen, können Sie

Ihren Text mit Zwischenüberschriften fein gliedern. Später sollten Sie diese Zwischenüberschriften streichen. Als Richtschnur kann gelten, dass eine Zwischenüberschrift nur alle paar Seiten gesetzt sollte. Nur für den Methoden- und Ergebnisteil gilt dies nicht. Hier gibt es standardisierte Zwischenüberschriften (⇨ 5.3 & 5.4), die Sie nutzen müssen.

7.2 Fragen zur Absatzstruktur

Behandelt jeder Absatz einen erkennbaren eigenen Inhalt? Derselbe Inhalt sollte nicht auf mehrere Absätze verteilt werden. Schreiben Sie lieber einen langen, gut gegliederten Absatz. Im Englischen gilt, wie oben erwähnt, die Regel, dass jeder Absatz genau einen inhaltlichen Punkt behandelt. Wenn Sie unsicher sind, lesen Sie die Einleitungen von Forschungsartikeln aus Ihrem thematischen Bereich und achten Sie darauf, wie Absätze hier gesetzt werden. Englische Texte setzen oft eine vorbildlich präzise Absatzorganisation ein.

Besteht jeder Absatz aus mehreren Sätzen? Einer der häufigsten Fehler in studentischen Texten ist, aus jedem Satz einen Absatz zu machen. Das unterbricht den argumentativen Fluss – was zusammengehört, muss auch in einem Absatz stehen. Falls man es nicht ohnehin intuitiv richtig macht, kann man sich zudem an die Regel halten, dass der erste Satz eines Absatzes eine Verbindung zum vorangegangenen Absatz herstellt und der letzte Satz einen Ausblick auf den nächsten Absatz gibt. Dies wird oft subtil, manchmal nur in einem Relativpronomen oder einem Adverb wie „jedoch" oder „dennoch" ausgedrückt, ist aber ein wirksames Mittel, Text „zusammenzuhalten".

Ist der Absatz wichtig für die Arbeit? Wenn Sie auf ihn verzichten können, ersetzen Sie ihn durch wichtige Inhalte. Neulinge neigen dazu, eher mehr als weniger Inhalte aufzunehmen. Diese „better safe than sorry"-Strategie ist verständlich; sie darf nicht dazu führen, dass Beiläufiges und Unwesentliches Eingang in den Text findet.

7.3 Fragen zur Satzstruktur

Gibt es einen hinreichend engen Zusammenhang („Kohärenz“) zwischen aufeinanderfolgenden Sätzen? Sind beispielsweise Bezüge wie „dieses“ oder Pronomen wie „es“ klar? Stimmen Junktoren wie „weil“, und sind sie hinreichend präzise?

Ist der Satz notwendig? Kann er eventuell auch wegfallen? Das zu entscheiden, benötigt Fingerspitzengefühl. Texte benötigen eine gewisse Redundanz, d.h. Wiederholungen von Inhalten, um hinreichend lesefreundlich zu sein.

Bei allen Strukturelementen (Satz, Absatz, Kapitel) müssen Sie sich fragen, ob diese wichtig und funktional sind. Textteile, die weder zum Inhalt noch zur Klarheit beitragen, können gestrichen werden.

Zum Überarbeiten der Struktur ist es nützlich, den Text auszudrucken und im Ausdruck einmal ganz durchzulesen bzw. zu bearbeiten. Die Änderungen sollten dann in einem separaten Schritt in die Datei übertragen werden.

7.4 Stil

Eine zweite Überarbeitung hat den Stil im Fokus. Hier können Sie sich folgende Fragen stellen:

Wie klingt Ihr Text? Lässt er sich flüssig lesen? Diese Frage kann man beantworten, indem man sich den Text vorliest. Dabei lässt sich an der eigenen Stimme relativ mühelos erkennen, wenn etwas nicht stimmt: Wenn man stockt oder ohne Überzeugung vorliest, liegt das oft daran, dass man etwas selbst nicht mehr versteht oder die Struktur eines Satzes nicht hinreichend klar ist; wenn man kaum Atem holen kann, ist der Satz zu lang. Markieren Sie die problematische Textstelle und lesen Sie weiter; die Verbesserung sollten Sie nachher in einem Zug vornehmen.

Sind die Sätze zu lang oder zu kurz? Komplexe Sachverhalte lassen sich in der Regel nicht in einfachen Hauptsätzen ausdrücken, lange Schachtelsätze mit zahlreichen Nebensätzen dagegen sind unnötig schwer zu lesen. Am hilfreichsten ist es, aufmerksam verschiedene Forschungstexte aus dem eigenen Bereich zu lesen und nach überzeugenden Textvorbildern zu suchen. Wie oben erwähnt haben Englisch und Deutsch in diesem Punkt recht unterschiedliche Konventionen.

Gibt es zu viele Wortwiederholungen? Die Wiederholung von Fachbegriffen lässt sich nicht vermeiden, aber für alles, was nicht Fachbegriff ist, lassen sich in der Regel Synonyme finden. Sie können dafür ein Synonymwörterbuch verwenden.[20]

Fehlen Überleitungen? Studentische Texte sind oft durch Sprünge gekennzeichnet – jeder Absatz steht für sich, ohne logisch aus dem letzten hervorzugehen und in den nächsten überzuleiten. Auch am Ende und zu Beginn von Kapiteln werden solche Übergänge oft vergessen. Gute Texte führen die Leser_innen auf sanfte Weise. Dazu genügen häufig einzelne Wörter (beispielsweise „jedoch").

Ist der Stil passend? Deutsche psychologische Texte setzen viel Nominalisierungen, Passiv und Genitiv ein, ersetzen Relativsätze durch Nominalkonstruktionen und verzichten oft auf die erste Person Singular. Hier ein Beispiel: Aus „Weil Schreiben, wie sich aus psychologischen Studien ableiten lässt, in jedem Fach praktisch neu gelernt werden muss, schließe ich, dass wir von Studienanfänger_innen nicht erwarten können, dass sie schreiben können" wird im wissenschaftlichen Stil „Aufgrund der durch psychologische Studien nachgewiesenen Domänenspezifizität des Schreibens lässt sich von Studienanfänger_innen keine hohe Schreibkompetenz erwarten." Dieser Stil hat den Vorteil hoher Dichte; zudem stehen wissenschaftliche Sachverhalte, nicht Personen oder Tätigkeiten im Vordergrund. Sehr typisch für Wissenschaftssprache ist, dass grammatikalische Formulierungen in der Form von „weil x getan wurde, geschieht y" durch lexikalische Formulierungen in der Art von „das Ausführen von x ist die Ursache für das Eintreten von y" ersetzt

20 Auf www.duden.de können Sie die Synonymfunktion des Dudens nutzen. Sie ist sprachlich eher konservativ, dafür aber immer korrekt.

werden. Die sogenannten lexikalischen Formulierungen sind zwar komplizierter, rücken aber das Relevante – die wissenschaftlichen Konzepte – in den Vordergrund. Ein Nachteil ist allerdings, dass der Nominalstil schlechter verständlich ist bzw. das Arbeitsgedächtnis beim Lesen und Schreiben stark belastet.

Mutmaßlich aufgrund der vielen englischsprachigen Forschungsliteratur lässt sich in der Psychologie eine Entwicklung hin zu einem einfacheren Stil beobachten. Auch zahlreiche Ratgeber empfehlen, einfach zu formulieren. So schlägt beispielsweise Sword (2012) für das Englische einen Stil vor, der sich am Prinzip „who kicks whom“ orientiert, d.h. Handlungen und deren Subjekte hervorhebt (eine ähnliche, wenn auch vorsichtigere Empfehlung gibt Sternberg, 2005). Dies widerspricht dem soeben erwähnten Prinzip der Wissenschaftssprache, wissenschaftliche Sachverhalte in den Vordergrund zu rücken. Es gibt für die Frage nach dem angemessenen Stil also keine einfache Lösung. Sie müssen Ihre eigenen Entscheidungen treffen. *Probieren Sie aus*, ob Ihr Text flüssiger wird und sich leichter lesen lässt, wenn Sie

- Nominalisierungen reduzieren: „Aufgrund der Konzentration der bisherigen Untersuchungen zur Entwicklung der Schreibkompetenz auf die Gruppe der Schüler_innen lassen sich keine gesicherten Aussagen über die Entwicklung der Schreibkompetenz von Studierenden machen.“ ⇨„Da sich die bisherigen Untersuchungen zur Entwicklung von Schreibkompetenz weitgehend auf Schüler_innen beschränken, lässt sich noch nicht sagen, wie sich die Schreibkompetenzen von Studierenden entwickeln.“
- aufeinanderfolgende Genitive reduzieren: „Die Erläuterung der Methoden der empirischen Untersuchung der Schreibkompetenzen erfolgt in Abschnitt 3.“ ⇨„Wie die Schreibkompetenzen empirisch erfasst wurden, wird in Abschnitt 3 (Methoden) erläutert.“
- Passiv reduzieren: „Aufgrund der Komplexität des Schreibprozesses werden in der Regel nur einzelne Aspekte desselben empirisch untersucht.“ ⇨„Da der Schreibprozess sehr komplex ist, erfassen die meisten empirischen Studien nur Einzelaspekte.“ (Hier wurde nicht nur das Passiv, sondern auch eine Nominalkonstruktion und ein Genitiv gestrichen.)

Gerade für Sie als Neulinge ist eine solche Überprüfung nützlich. Weil Studierende verständlicherweise unsicher sind, neigen sie dazu, es mit wissenschaftlichen Formulierungen eher zu übertreiben. Da sich außerdem die Vorlieben von Personen stark unterscheiden können, empfehlen wir Ihnen, mit der Betreuerin bzw. dem Betreuer zu klären, ob der eigene Schreibstil angemessen ist. Zudem möchten wir noch einmal betonen, dass nur bewusstes Ausprobieren stilistischer Mittel hilft, nicht einfach Befolgen von Regeln: Nominalisierungen, Genitiv und Passiv erfüllen bestimmte wissenschaftliche Zwecke und ein flüssiger und leicht lesbarer Stil erfüllt ebenfalls bestimmte Zwecke. Was jeweils wichtiger ist, müssen Sie fallweise entscheiden.

7.5 Kürzen und Streichen

Beim Überarbeiten wird oft Kürzungs- und Streichbedarf deutlich. Gerade das Löschen von einmal Geschriebenen fällt aber schwer, vor allem Menschen, die sich vorher schwer oder sogar sehr schwer damit getan haben, den Text überhaupt erst einmal aufs Papier zu bringen. Das ist verständlich! Dennoch ist das spätere Kürzen meist unumgänglich. Von manchem weiß man anfangs noch nicht, ob man es für die Argumentation wirklich benötigt, und viele Sachverhalte schreibt man auch deswegen auf, um sie sich selbst klar zu machen. Ihre Leser_innen möchten Ihnen aber nicht dabei zusehen, wie Sie sich etwas schrittweise selbst erläutern, sondern vorgelegt bekommen, was nötig ist, um Ihre Argumentation zu verstehen. Und Ihre Prüfer_innen merken auch ohne dass Sie ihnen das vor die Nase halten, ob Sie sich vernünftig mit dem Material beschäftigt haben.

Vielleicht hilft Ihnen folgender Tipp: Schreiben Sie im ersten Schritt eher zu lange als zu kurze Texte. Wenn Sie beispielsweise eine Bachelorarbeit von 30 Seiten abgeben müssen, zielen Sie anfänglich auf 45 oder sogar noch mehr Seiten. Sobald der Text als erste Version vorliegt, kürzen Sie. Am günstigsten kombinieren Sie das mit der Überarbeitung der Kapitel- und Absatzstruktur.

Wenn es Ihnen sehr wehtut, Text zu löschen – uns geht es auch so –, kopieren Sie ihn in eine separate Datei. Vielleicht können Sie ihn später noch einmal gebrauchen. Mit dieser Hoffnung (oder Illusion?) lebt es sich recht gut.

7.6 Ein kurzes Wort zur Endkorrektur

Bei der Endkorrektur werden nur noch Fehler beseitigt. Der Text hingegen ist inhaltlich, sprachlich und argumentativ fertig. Manche Menschen genießen es, ihren Text am Ende in Ruhe gründlich auf diese Fehler zu durchsuchen und so auch mit ihm abzuschließen. Wenn Sie zu diesen gehören, dann los! Voraussetzung ist – neben guten Kenntnissen in Rechtschreibung, Zeichensetzung und Grammatik und einem Duden oder der Internetseite des Duden –, dass Sie den Text ein Weilchen liegen gelassen haben. Zumindest ein bis zwei Tage sollten das sein; erst dann können Sie mit „frischen" Augen auf den Text sehen. Eine andere Voraussetzung ist, dass Sie sich vor sich selbst verpflichten, keine inhaltlichen Änderungen am Text mehr vorzunehmen, sondern nur zu korrigieren.

Oft kommt man in die Situation, dass man diese Voraussetzungen nicht erfüllt, z. B. weil wegen unrealistischer Zeitplanung kaum noch Zeit verfügbar ist oder weil man seinem eigenen Spürsinn oder den Kenntnissen nicht traut. Dann ist es besser, den Text einer anderen Person zu geben. Auch professionellen Schreiber_innen geht es so, dass sie weniger Fehler finden als andere, vielleicht weil ihnen der Text zu bekannt ist, weil sie doch noch am Inhalt kleben oder sogar manchmal eine Stelle, mit der sie inhaltlich unzufrieden sind, nur überfliegen. Aus all diesen Gründen ist es sehr empfehlenswert, eine andere Person zu bitten, die Endkorrektur vorzunehmen. Achten Sie darauf, dass die Person sich in Rechtschreibung, Zeichensetzung und Grammatik gut auskennt und vielleicht auch die Regeln für die Formatierung von Literaturangaben kennt, in denen sich unserer Erfahrung nach meist ziemlich viele Fehler finden. Vielleicht können Sie die Arbeit auch tauschen: Sie lesen die Arbeit einer Freundin und diese liest Ihre. Die Rechtschreib- und Grammatikkorrektur von Textverarbeitungsprogrammen erledigt nur einen Teil dieser Aufgaben – Rechtschreibung recht gut, Grammatik einigermaßen, aber Literaturangaben im DGPs-Format beherrscht sie nicht.

8. Den Schreibprozess gestalten

Zwischen der ersten Idee und dem fertigen Originalartikel oder der fertigen Qualifikationsarbeit findet ein komplexer und langer Prozess statt, der individuell unterschiedlich sein kann. Manchen Menschen scheint das Verschriftlichen von Ideen und Ergebnissen sehr leicht zu fallen, andere arbeiten sich an jeder Formulierung ab. Einige beginnen gleich nach dem Aufstehen mit dem Schreiben und können dann ohne Gedanken an noch nicht getane Arbeit den Nachmittag genießen, während andere zunächst alle anderen Dinge erledigen, bevor sie sich am Abend an den Schreibtisch setzen und nicht selten bis tief in die Nacht hinein in Ruhe an ihrem Projekt arbeiten. Am Anfang eines Schreibprojekts tut man gut daran, sich von dem Gedanken frei zu machen, dass es den idealen Schreibprozess gibt, und sich selbst Mut zuzusprechen, dass man seinen eigenen Weg finden wird und dieser individuell sein darf. Dies ist nicht immer leicht, zumal sich um den optimalen Schreibprozess zahlreiche Gerüchte ranken. Eines davon ist das Gerücht von dem langen Zeitraum – mindestens 4 Stunden – den man zur Verfügung haben muss, damit sich das Schreiben überhaupt lohnt, weil man sonst nicht richtig in das Thema „hereinkommt". Das schon vorweg: Lieber jeden Tag ein bisschen – z.B. 20 Minuten – schreiben als viele Tage überhaupt nicht und dann auf den einen intensiven Schreibtag zu hoffen.

Solche und ähnliche Impulse möchten wir Ihnen in diesem Kapitel geben. Damit möchten wir Sie dabei unterstützen, Ihr Schreibprojekt zu *Ihrem* Projekt zu machen und gleichzeitig den Schreibprozess so zu gestalten, wie es zu *Ihnen persönlich* passt. Zunächst gehen wir auf das Selbstmanagement beim Schreiben ein, diskutieren dann, ob es Schreibtypen gibt, bevor wir abschließend die bekanntesten Probleme beim Schreiben skizzieren und Möglichkeiten vorstellen, wie diese und andere bewältigt werden können.

8.1 Das Selbstmanagement beim Schreiben

Den Schreibprozess, d.h. den Weg von der ersten Idee bis zum fertigen Text, müssen Sie eigenständig planen, überwachen und regulieren. Im Studium ist das Schreiben einer Hausarbeit nicht selten das erste selbständige Schreibprojekt. Viele Studierende berichten, dass sie sich damit allein gelassen und überfordert fühlen. Dieser Eindruck belegt, dass Selbstmanagement gefordert ist. Selbstmanagement bedeutet, dass man sich selbst, seine eigene Arbeitsweise und die dafür zur Verfügung stehenden Ressourcen steuert, um ein Ziel zu erreichen. Im allgemeinen Sprachgebrauch wird dafür fälschlicherweise der Begriff „Zeitmanagement" verwendet. Dabei ist Zeit lediglich eine der Ressourcen. Andere Ressourcen, die Sie einplanen, einsetzen und steuern, sind Aufmerksamkeit, Anstrengung und Motivation. Auch das Einsetzen externer Ressourcen wie des Arbeitsplatzes, der Literatur sowie der Unterstützung von Studienkolleg_innen und Betreuer_innen kann im weiteren Sinne dem Selbstmanagement zugerechnet werden. Für den Umgang mit internen und externen Ressourcen werden auch die Begriffe Selbstorganisation oder Selbstdisziplin gebraucht. In der psychologischen Forschung werden die Begriffe Selbststeuerung, Selbstregulation und Selbstkontrolle verwendet und voneinander unterschieden. Diese fünf Begriffe akzentuieren unterschiedliche Nuancen ein und desselben Phänomens – unseres Umgangs mit uns selbst und den Ressourcen, die uns zur Verfügung stehen.

Ein bekanntes Modell aus der Schreibforschung systematisiert alle Fertigkeiten, die beim Selbstmanagement des Schreibens relevant werden. Es handelt sich um das zyklische Modell der Selbstregulation beim Schreiben (Zimmerman & Kitsantas, 2007). Es unterteilt den Schreibprozess in drei Phasen, eine Planungs-, eine Durchführungs- und eine Reflexionsphase.

In der ersten Phase stehen Planungstätigkeiten und Motivationsstrategien an. In dieser Phase geht es darum, ein konkretes Bild von der zu bewältigenden Schreibaufgabe zu erhalten und sich selbst zum Schreiben zu motivieren. Zur Analyse der Aufgabe gehören die Zielsetzung und das strategische Planen des Textes. Zunächst stellt man sich unbewusst, oftmals auch bewusst, die Frage, wie das Endprodukt aussehen soll. Geht es um die ganze Arbeit, kann man z.B. mit der Betreuerin oder dem Betreuer sprechen und versuchen herauszufinden, was die Erwartungen an die Arbeit sind, oder man kann sich andere Arbeiten anschauen. Geht es nur um einen Teil der Arbeit, z.B. die Stichprobenbeschreibung, kann man andere ähnliche Texte auf deren Inhalte und Formulierungen hin untersuchen, um herauszufinden, wie dieser eine Teil am Ende aussehen soll.

Ein konkretes Bild von der Schreibaufgabe hilft beim Setzen von Zielen für die anstehende Schreibphase. Am Anfang der Arbeit setzt man sich unbewusst oder bewusst Ziele in Bezug auf die Qualität und den Inhalt der Arbeit oder die Zeit, in der sie entstehen soll. Setzt man sich an eine konkrete Schreibaufgabe, z.B. das Schreiben des Ergebnisteils, hat man für diesen Teil auch wiederum Ziele in Bezug auf Inhalt, Struktur, Botschaft und Zeitinvestment im Kopf. Mit der konkreten Vorstellung von der Aufgabe und den Zielen kann man dann den Schreibprozess strategisch planen. Dazu macht man sich z.B. Gedanken darüber, welche Literatur man für den theoretischen Hintergrund lesen muss, welche Analysemethoden einem leicht von der Hand gehen, für welche andere man eher mehr Zeit investieren muss, aber auch für welches Thema und welche Fragestellung man sich über einen längeren Zeitraum hinweg immer wieder motivieren kann. Für das Schreiben der einzelnen Teile der Arbeit, z.B. des Methodenteils, wird die strategische Planung natürlich sehr viel detaillierter aussehen.

Neben diesem eher rationalen Vorgehen ist die Selbstmotivierung eine wichtige Tätigkeit in dieser Phase. Die Quellen für die Selbstmotivierung liegen dabei nicht nur im bereits erwähnten Interesse am Thema und im Spaß an der Tätigkeit, sondern auch im Gefühl von Selbstwirksamkeit in Bezug auf die Schreibaufgabe, die erwarteten Ergebnisse und die eigene Zielorientierung. So fällt es leichter, sich zur Weiterarbeit am Text zu motivieren, wenn das Thema nicht langweilig ist, man sich der Aufgabe gewachsen fühlt und ein gutes Ergebnis erwartet, als wenn man sich mit einem langweiligen Thema abmüht.

In der zweiten Phase des Schreibens geht es darum am Schreiben „dranzubleiben", auch wenn sich attraktivere Handlungsoptionen bieten oder sich Hindernisse in den Weg stellen. Das Modell unterscheidet zwei Ebenen in dieser Phase, Selbstkontrolle und Selbstbeobachtung. Unter dem Stichwort Selbstkontrolle sind unterschiedliche Motivationsregulations- und Volitionsstrategien zusammengefasst, die Schreiber_innen einsetzen können, um die Energie zum Schreiben zu mobilisieren und zu erhalten, auch – oder gerade – wenn es Schwierigkeiten beim Schreiben gibt. Strategien wie das Zeitmanagement und die Gestaltung eines Arbeitsplatzes, der ungestörtes Arbeiten ermöglicht, betreffen externe Ressourcen. Beim Fokussieren der Aufmerksamkeit, dem Sich-selbst-Mut-Zusprechen, der Selbstbelohnung oder -bestrafung sowie dabei, sich die fertige Arbeit lebhaft vorzustellen, handelt es sich um das Management interner Ressourcen, die den Schreibprozess stützen.

Die Strategie des Hilfesuchens ist besonders interessant. Unter Student_innen, und übrigens auch Wissenschaftler_innen, hält sich recht hartnäckig die Vorstellung, dass selbständiges Arbeiten bedeutet, dass man sich keine Hilfe holen darf, sondern alle Probleme alleine zu lösen hat. Außerdem möchten Menschen ungern ihre Schwächen offenbaren. Manchmal fehlt aufgrund schlechter Planung auch schlicht die Zeit, um Unterstützung in Anspruch zu nehmen. Viele Probleme beim Schreiben und wissenschaftlichen Arbeiten sind jedoch zu komplex, als dass man sie alleine lösen könnte. In Phasen, in denen das Schreibprojekt ins Stocken gerät, ist es deswegen sehr ratsam, sich Hilfe und Rat von außen zu holen – bei Freund_innen, Mitstudierenden oder auch im Schreibzentrum der Hochschule. Am besten funktioniert das mit konkret formulierten Anliegen (z.B.: Kannst du mir sagen, wie ich die Ergebnisse meiner Mediatoranalyse am besten darstelle? Weniger konkret: Kannst du mir beim Ergebnisteil helfen?).

Während es bei Selbstkontrolle um konkrete Tätigkeiten geht, finden beim Beobachten der eigenen Schreibtätigkeiten metakognitive Prozesse statt. Wenn es den Schreiber_innen in dieser Phase gelingt, sich selbst aus der Vogelperspektive zu beobachten oder sogar schriftlich festzuhalten, wie produktiv sie sind, z.B. durch ein Schreibtagebuch, in dem die Stunden des Schreibens festgehalten werden, dann fallen ihnen typische Schwierigkeiten oder Tätigkeiten, denen sie aus dem Weg gehen, schnell auf, und sie können gegensteuern.

In der letzten Phase ist die Schreibaufgabe erledigt oder die Schreibzeit des Tages verstrichen und die Schreiber_innen bewerten und reflektieren das eigene Vorankommen und die Qualität des entstandenen Produkts. Für Erfolge wie auch Misserfolge beim Schreiben werden die Ursachen gesucht. Ging mir das Schreiben des Methodenteils heute so schwer von der Hand, weil ich mich zu wenig anstrengt habe, oder fehlten mir wichtige Informationen? Habe ich nicht das geschafft, was ich schaffen wollte, weil ich zu wenig Zeit für eine so komplexe Tätigkeit eingeplant habe, oder lag es doch eher an dem Computerproblem, das mich eine Stunde Schreibzeit gekostet hat? Solche und ähnliche Fragen können Ihnen in der letzten Phase durch den Kopf schießen. Manchmal hat man auch einfach ein gutes oder schlechtes Gefühl nach dem Schreiben. Das Ergebnis dieser Reflexion bestimmt, mit welchen Gefühlen und mit welcher Motivation die Schreiber_innen an die nächste Schreibaufgabe gehen. Damit schließt sich der Kreis. Mit der nächsten Schreibaufgabe setzt sich der Zyklus wieder in Gang.

Der Zyklus bezieht sich dabei nicht auf ein ganzes Schreibprojekt (z.B. eine Bachelorarbeit), sondern vielmehr auf die vielen kleinen Unteraufgaben in einem Schreibprojekt. Wenn Sie sich vorgenommen haben, heute den Abschnitt „aktueller Forschungsstand" zu bearbeiten, so werden Sie zunächst mit der ersten Phase einsteigen und sich überlegen, welche Inhalte in ein solches Kapitel gehören, wie ein solches Kapitel aufgebaut ist und wie viel Zeit Sie für dieses Kapitel brauchen. Wenn Sie mit dem Schreiben angefangen haben, werden Sie zu den Motivationsregulations- und Volitionsstrategien aus der zweiten Phase greifen. Die Lernerfahrungen, die Sie beim Schreiben dieses Kapitels mit Ihrer eigenen Arbeitsweise gemacht haben, nehmen Sie mit in die nächste Planungsphase für das nächste Kapitel. Meist laufen die skizzierten Prozesse nicht bewusst, sondern eher unbewusst ab. So macht sich die Selbstbewertung in Phase 3 eher durch ein schlechtes Gewissen oder durch ein beschwingtes Hochgefühl bemerkbar, als dass eine rationale Analyse stattfindet.

In Abbildung 2 werden für jede Phase beispielhaft Fragen aufgeführt, die Sie sich beim Schreiben bewusst sowie unbewusst stellen und beantworten.

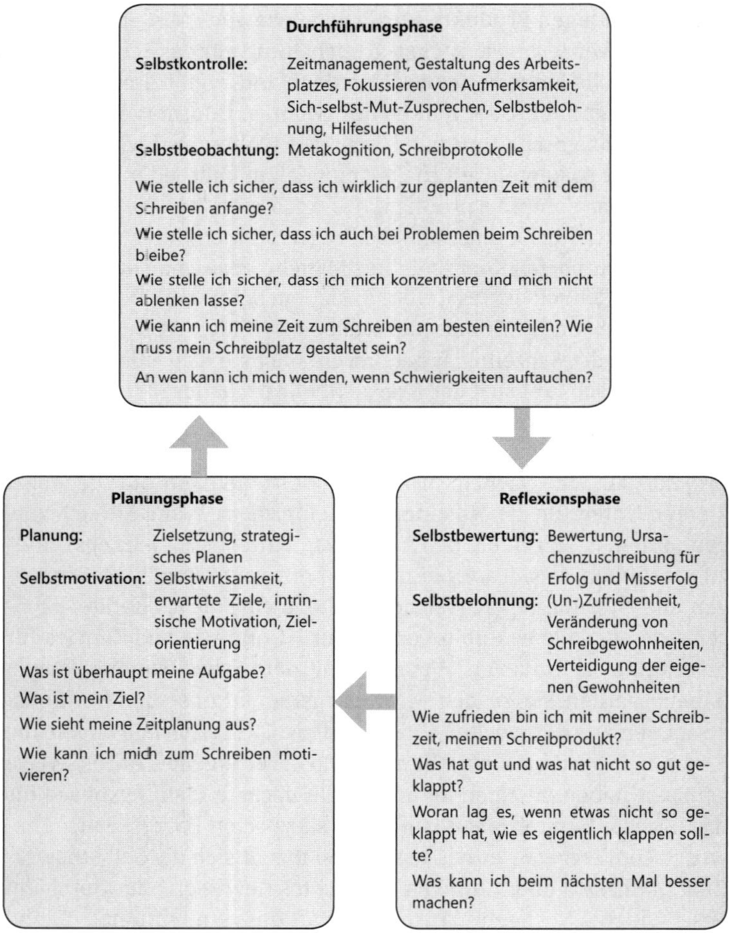

Abbildung 2: Adaptierte Version des zyklischen Modells der Selbstregulation beim Schreiben (Zimmerman & Kitsantas, 2007)

Um in Kontakt mit Ihrem Selbstmanagement beim Schreiben zu kommen, beantworten Sie für sich die Fragen, die in jeder Phase des Modells gestellt werden (vgl. Abbildung 2).

8.2 Schreibtypen?

Schon früh haben sich Forscher_innen dafür interessiert, unterschiedliche Schreibstrategietypen (im Folgenden: Schreibtypen) zu identifizieren. Meist werden zwei Schreibtypen voneinander unterschieden. Wenn Sie während des Schreibens Ihre Ideen entwickeln und die Literatur lesen und dabei im und durch das Schreiben die Struktur des jeweiligen Schreibprojektes schaffen, dann entspricht das der Strategie des *Bottom-up*-Schreibens. Wenn Sie sich vor dem Niederschreiben Ihrer Gedanken lange mit dem Lesen der Literatur, der Struktur des Schreibprojektes und der Planung des Schreibprozesses beschäftigten, entspricht das der Strategie des *Top-down*-Schreibens (vgl. Molitor, 1985). Zusätzlich zu diesen beiden führt Molitor einen dritten Typ ein, der sowohl *bottom-up* als auch *top-down* vorgeht. Er entscheidet mithilfe von Wissen, Schreiberfahrungen und je nach Aufgabenstellung, welche Vorgehensweise für das jeweilige Schreibprojekt passend ist. Auch Torrance, Thomas und Robinson (2000) schlagen drei Typen vor: Sie unterscheiden zunächst zwischen *Revisers* und *Planners*. Erstere entwickeln Inhalt und Struktur im Zuge von zahlreichen Überarbeitungsschleifen. Letztere bereiten ihre Schreibprojekte extensiv vor und führen nach dem Schreiben nur wenige Überarbeitungen durch. Der Mischtyp plant das Schreibprojekt extensiv im Vorfeld, durchläuft jedoch während des Schreibens mehrere Überarbeitungsschleifen.

In der Selbsthilfeliteratur und der Beratungspraxis wird häufig auf diese Typologien zurückgegriffen. Die Ergebnisse der Forschung stützen diese Praxis jedoch nicht. So konnten die Typologien z.B. noch nicht empirisch validiert werden. Auch fehlen Befunde dazu, ob die Zuordnung zu einem bestimmten Schreibtyp den Schreibprozess erleichtert oder das Schreibprodukt verbessert. Ferner fehlen

Untersuchungen zu der interessanten Frage, ob es sich dabei um stabile Vorlieben oder situationsbedingte Entscheidungen handelt.

Beim Schreiben geht es darum, Ihre ganz persönliche Art zu finden, wie Sie den Schreibprozess gestalten. Probieren Sie verschiedene Strategien aus und beobachten Sie, wie Sie am produktivsten sind und sich am wirksamsten fühlen. Achten Sie auch darauf, ob bestimmte Schreibstrategien in einigen Situationen besser funktionieren als in anderen.

Anders als die Forschung zu Schreibtypologien hat die Untersuchung von Vorgehensweisen beim Schreiben praktisch nützliche Erkenntnisse erbracht. Bereiter und Scardamalia (1987) unterscheiden zwei grundlegende Schreibstrategien, die sich auf mentale Prozesse beim Schreiben beziehen. Beim *knowledge-telling* teilen die Schreiber_innen das mit, was sie wissen, und zwar genauso, wie sie es im Langzeitgedächtnis abgespeichert haben. Für das *knowledge-transforming* organisieren Schreiber_innen ihr Wissen aus dem Langzeitgedächtnis um, passen es an das Ziel des Textes, die Adressat_innen des Textes und an den bereits produzierten Text an. Die Strategie des *knowledge-telling* wird eher von unerfahrenen Schreiber_innen angewandt. Eine Entwicklung der eigenen Schreibfertigkeiten geht mit einem kontinuierlichen Übergang von der *knowledge-telling*-Strategie zur *knowledge-transforming*-Strategie einher. Einem Text selbst sieht man nicht an, nach welcher Strategie er geschrieben worden ist. Mit beiden Strategien können schlechte und gute Texte entstehen; allerdings ist die Gefahr, einen nur lose zusammenhängenden, nicht zielgerichtet argumentierenden Textteil zu schreiben, beim *knowledge-telling* größer.

Um sich Ihr Selbstmanagement beim Schreiben zu verdeutlichen, blicken Sie auf all die Texte zurück, die Sie bisher in Schule und Hochschule geschrieben haben. Welche persönlichen Vorlieben beim Schreiben können Sie erkennen? Sind Sie mit diesen Vorlieben zufrieden?

8.3 Schreibprobleme und Bewältigungsstrategien

In diesem Kapitel werden Probleme, die Ihnen bei der Gestaltung des Schreibprozesses begegnen können, kurz dargestellt und Möglichkeiten zur Bewältigung dieser Probleme skizziert.

Unsicherheit, Angst und Perfektionismus

Es kann sein, dass das Schreiben von einer großen Unsicherheit begleitet wird, aus der nicht selten Angst vor dem Schreiben resultiert. Z.B. sind die Themen so weit oder so unklar gestellt, dass die Fragestellung zunächst, basierend auf den Ergebnissen der Literaturrecherche, selbständig präzisiert werden muss. So wird aus dem Thema „Die Rolle der Selbstregulation im Berufsalltag" der Titel einer Bachelorarbeit „Selbstregulation und Leistungsmotivation – eine Fragebogenstudie unter jungen Unternehmensberaterinnen". Häufig sind sich Studierende unsicher, welche Aspekte wichtig sind. Es kann die Angst entstehen, etwas Wichtiges in der Literatur zu übersehen und dadurch das Thema falsch einzugrenzen bzw. eine irrelevante Forschungsfrage zu formulieren. Auch das Auswerten der Daten kann Unsicherheiten hervorrufen. Im Rahmen einer Bachelorarbeit wenden die Studierenden ihr Faktenwissen über Methoden der empirischen Sozialforschung oft zum ersten Mal auf eine konkrete Fragestellung an und führen statistische Analysen erstmalig an tatsächlichen Daten durch. Auf einer abstrakten Ebene stellen sich die Fragen, was Wissenschaftlichkeit überhaupt ist und was genau die Kriterien für Wissenschaftlichkeit sind. Viele Studierende haben den Eindruck, dass Wissenschaftssprache übermäßig komplex und abstrakt ist. Dann entsteht nicht selten die Angst, die Wissenschaft nicht zu verstehen und sich selbst nicht wissenschaftlich ausdrücken zu können.

Gleichzeitig haben viele Studierende einen zu hohen Anspruch an die Qualität und Wissenschaftlichkeit ihrer eigenen Texte. Sie erwarten von sich, auf Anhieb ebenso gute Texte produzieren zu können wie die der Autor_innen, die sie im Studium lesen. Nicht selten ist diese Erwartung an das Fehlkonzept gekoppelt, dass diese Autor_innen ihre Texte in einem Rutsch verfasst haben. Dass hinter fast jedem Text ein langwieriger Schreibprozess steht, der von vielen Überarbeitungsschleifen geprägt ist, ist dem Text nämlich meist nicht mehr anzusehen. Und auch, dass die Autor_innen viele Jahre *deliberate practice* (⇨ 5.4) hinter sich haben, wird meist übersehen. Es kann sein, dass Unsicherheit und Perfektionismus dazu führen, dass Studierende die Angst entwickeln, sich mit ihrem Text zu blamieren, und sich daher gar nicht erst an die Arbeit wagen.

Was man dagegen tun kann: Um sich gedanklich aus der Perfektionismusfalle zu befreien, hilft es, sich vor Augen zu führen, dass auch für Schreiben gilt, dass Übung den Meister macht. So vermuten Kellogg und Whiteford (2009), ausgehend von der Forschung zur Entwicklung von Expertise, dass es 10 Jahre kontinuierlicher Schreibtätigkeit bedarf, um wie Expert_innen zu schreiben. Daraus ergibt sich, dass Sie am besten so früh wie möglich im Studium mit dem Schreiben anfangen. Vielleicht hilft es Ihnen, ein „Reisetagebuch" zu führen, in dem Sie täglich, oder zumindest wöchentlich, wichtige Erkenntnisse und sich daraus ergebende Fragen aus dem Studium festhalten und reflektieren.

Um sich beim Schreiben von Texten nicht durch Perfektionismus behindern zu lassen, können Sie möglichst rasch Ihre Gedanken zu Papier bringen, indem Sie eine erste Rohfassung des Textes erstellen, welche Sie dann in mehreren Schleifen überarbeiten. Für die Rohfassung gilt, dass Sie diese so schreiben können wie Sie sprechen.

Die Kriterien der Wissenschaftlichkeit kennen zu lernen und zu verinnerlichen funktioniert, wie schon mehrfach erwähnt, am besten durch das aufmerksame Lesen von Fachliteratur. Die Lektüre im Rahmen vieler Seminare eignet sich bestens dazu, um sich nicht nur das Psychologiewissen, sondern vor allem auch die Art, wie Wissenschaftlichkeit in der Psychologie funktioniert, anzueignen.

Unsicherheiten räumen Sie am besten durch Nachfragen (z.B. bei Kommiliton_innen, die bereits eine Arbeit geschrieben haben) und das Bitten um Feedback aus dem Weg. So können Sie Ihrer Betreuerin oder Ihrem Betreuer einen Vorschlag zur Themeneingrenzung und der Formulierung der Fragestellung mit der Bitte um Rückmeldung vorlegen. Fragestellungen entwickeln sich nicht selten im Diskurs.

Prokrastination

Das unnötige Aufschieben von Tätigkeiten, die man sich eigentlich zu erledigen vorgenommen hat, gehört zu den typischen Problemen beim Schreiben von Texten im Studium. Nicht selten finden sich auf den ersten Blick plausible Erklärungen, warum man mit dem Schreiben noch nicht beginnen kann (z.B. „Heute bin ich zu müde, morgen habe ich sicherlich mehr Energie"; „Zuerst muss ich meine ganze Literatur sortieren, damit ich alles schnell wiederfinden kann"). Die meisten Erklärungen entpuppen sich bei näherem Hinsehen jedoch als nicht stichhaltig – und das ist den Betroffenen bewusst. Daher wird der Aufschub wider besseres Wissen häufig von einem schlechten Gewissen, nicht selten auch von Schuld- und Minderwertigkeitsgefühlen begleitet. Prokrastination kann in allen drei Phasen (Planung, Durchführung, Reflexion) des selbstregulierten Schreibens auftreten. Gründe können die fehlende vorgegebene (Tages-) Struktur, die Komplexität der Aufgabe und die bereits erwähnte eigene Unsicherheit bezüglich des wissenschaftlichen Arbeitens sein.

Was man dagegen tun kann: Ein Schreibplan, der das große Ziel „Abgabe der Arbeit" in mehrere Teilziele unterteilt, daraus Arbeitspakete für jeden Tag ableitet und realistische Schreibzeiten im Tagesablauf reserviert, ist das A & O. Wichtig ist, dass Sie sich angemessene Zeitblöcke (z.B. zwei Stunden) reservieren, in denen Sie wirklich ununterbrochen arbeiten können – und an Tagen, an denen Sie diese aus terminlichen Gründen nicht schaffen, mindestens für 10–20 Minuten mit Ihrem Schreibprojekt in Kontakt kommen (z.B. durch Notizen zu einem weiteren Abschnitt oder Überarbeiten eines Abschnitts, notfalls auch durch Formatieren einer Tabelle). Für manche Personen kann es zudem hilfreich sein, sich kleine Belohnungen bei Erreichen der Teilziele in Aussicht zu stellen. Um Zeitverlust zu Beginn einer Schreibzeit zu verhindern, bereiten Sie am Ende einer Schreibzeit schon den Beginn der nächsten vor, z.B. indem Sie sich die nächsten Schritte notieren.

Neben dem Schreibplan sind Schreibtandems eine hilfreiche Strategie: Sie verabreden sich mit einer Freundin oder einem Freund bewusst zum Schreiben an einem bestimmten Ort. Am Anfang der gemeinsamen Schreibzeit teilen Sie sich Ihre Tagesziele mit (z.B. „Ich möchte heute den Ergebnisteil überarbeiten") und legen die gemeinsamen Pausen fest. Die soziale Kontrolle im Schreibtandem zwingt zum „Dranbleiben". Häufig wird diese Strategie gekoppelt mit dem Aufsuchen eines bestimmten Schreibplatzes. So ist es z.B. möglich, dass sich ein Schreibtandem jeden Wochentag um 9 Uhr in der Universitätsbibliothek trifft, bis 12:30 an den jeweiligen Arbeiten schreibt, bis 13:30 eine gemeinsame Mittagspause macht und dann bis 16 Uhr weiterschreibt.

Schreibblockade

Viele berühmte Schriftsteller_innen schildern das Gefühl der Angst vor dem leeren Blatt (Schreibblockade in der Planungsphase), das Gefühl, während des Schreibens nicht weiter zu wissen (Durchführungsphase) oder die große Angst vor dem Fertigstellen und dem Aus-der-Hand-Geben ihrer Arbeit (Reflexionsphase), drei Erscheinungsformen ein und desselben Phänomens, der Schreibblockade.

Was man dagegen tun kann: Bei Gefühlen des Blockiertseins hilft die Methode des *freewriting* (Elbow, 2000, Kap. 4; ⇨ Tab. 7). Beim *freewriting* schreiben Sie für eine bestimmte Zeit (ca. 5 Minuten) alles auf, was Ihnen in den Sinn kommt, ohne dabei den Stift abzusetzen oder das Klappern auf der Tastatur einzustellen. Es muss sich kein sinnvoller Text ergeben. Wichtig ist einzig und allein, dass Sie im Schreibfluss bleiben. Wenn eine Gedankenpause auftreten sollte, überbrücken Sie diese durch das Hinschreiben des aktuellen Zustands, z.B.: „Ich weiß nicht mehr weiter". Durch das *freewriting* kommen Sie auf andere Gedanken und finden zur Tätigkeit des Schreibens zurück. Schreiber_innen berichten, dass ihnen das *freewriting* insbesondere das Anfangen, z.B. nach einer längeren Pause, erleichtert.

Das Erstellen einer Mind-Map oder einer Gliederung kann ebenfalls eine befreiende Wirkung haben. Bei beiden Methoden verzichten Sie auf das Ausformulieren von Sätzen und konzentrieren sich stattdessen auf den Inhalt, den Sie verschriftlichen wollen, und seine Struktur.

Der Blickwechsel, d.h. das Lesen des eigenen Textes aus einer anderen Situation oder Haltung heraus, ist eine sehr hilfreiche Strategie, um „das Brett vorm Kopf" zu lösen oder den „Wald trotz vieler

Bäume“ wieder zu sehen. Z.B. kann es hilfreich sein, die Arbeit am Text zu unterbrechen, ihn in ein Café mitzunehmen und dort mit der Vorstellung zu lesen, ihn von einem Freund zum Feedback bekommen zu haben. Durch diesen – durch den Ortwechsel zusätzlich unterstrichenen – Abstand zum Text können z.B. Zusammenhänge klar und nötige Umstrukturierungen der Argumentation deutlich werden.

Natürlich können Sie auch andere Personen um einen Gedankenaustausch bitten. Wenn Sie z.B. hin und her überlegen, wie Sie Ihre Schlussdiskussion aufbauen sollen, dann berichten Sie doch einer Studienkollegin von Ihren Ideen und überlegen Sie gemeinsam, wie der rote Faden am besten zu spinnen ist. Im Sprechen über das eigene Schreibprodukt werden nicht selten Gedankenknoten entwirrt und neue Ideen entwickelt. Ähnlich hilfreich kann es sein, einer anderen Person die Stellen des Textes zu zeigen, an denen Sie nicht weiterwissen. Ideen anderer helfen beim Lösen von Problemen im Alltag, warum nicht auch beim Schreiben? Auch „nur“ die Bestätigung „ja, deine Arbeit würde ich abgeben, wie sie ist“ kann schon eine große Erleichterung sein, die die Abgabe-Blockade auflöst.

Wann ist ein Text fertig?

Ein Text ist nie fertig oder abgeschlossen, da sich Autor_innen stetig weiterentwickeln und immer wieder Punkte im Text finden werden, die sie jetzt anders darstellen, formulieren oder begründen würden. Auch deswegen ist es für viele Studierende unklar, wann ein Text abgegeben werden sollte. Zwei Extreme, die aus dieser Unsicherheit resultieren, lassen sich beobachten. Das eine Extrem ist das vorschnelle Abgeben von Texten. Meist wird ein Text geschrieben und dann ohne Feedback von anderen (manchmal sogar ohne Rechtschreib- und Grammatikkorrektur) abgegeben. Das andere ist das zu lange Schreiben an einem Text. Aufgrund von Unsicherheit und Perfektionismus verstrickt und verzettelt man sich beim Schreiben und Überarbeiten, so dass ein ausufernder Text entsteht, in den im Verhältnis zu seiner Qualität zu viel Arbeit investiert worden ist.

Was man dagegen tun kann: Geben Sie Ihre Texte schnell und mit konkreten Feedbackanliegen aus der Hand. Die meisten Betreuer_innen bieten an, zumindest eine kleine Kostprobe Ihres Textes vor der eigentlichen Abgabe des Textes zu lesen und Ihnen eine Rückmeldung dazu zu geben. Auch Studienkolleg_innen können Sie fragen, ob sie Ihre Texte lesen und Ihnen Rückmeldung geben können, und in den Schreibzentren der Hochschulen können Sie professionellen Rat erhalten. Auch wenn es schwerfällt – der Blick anderer auf Ihren Text ist unerlässlich, wenn Sie feststellen wollen, an welchen Stellen Ihr Text noch unklar ist.

Was hilft bei den typischen Schreibproblemen?

Lesen.

Üben.

Gönnen Sie sich und Ihrem Text viele Feedback- und Überarbeitsschleifen.

Durch das Festlegen fester Schreibzeiten, einen festen Schreibplatz sowie die Begleitung in einem Schreibtandem können Sie der Prokrastination beim Schreiben von Texten effektiv vorbeugen.

Bei Schreibblockaden helfen neue Sichtweisen auf das eigene Schreibprojekt, z.B. durch neue Schreib- und Strukturierungsmethoden oder durch den Austausch mit anderen Schreiber_innen.

9. Abschluss: Was macht Texte zu guten Texten?

Der Begriff „Rhetorik“ weckt bei vielen Menschen Bilder von Überredung und Manipulation. Dieses Verständnis ist sehr eng. Liest man einen Text rhetorisch, dann hat man einen besonderen Blick dafür, wie es der Autorin oder dem Autor gelingt, die Leserschaft von den Inhalten – den Theorien, dem Experiment, auch den Fragen – zu überzeugen. Man wird besonders aufmerksam für die Stichhaltigkeit von Begründungen und die sprachlichen Mittel, mit denen diese ausgedrückt werden. Schreibt man einen Text rhetorisch, dann hat man die Interessen, Anliegen und Vorkenntnisse der Leserschaft vor Augen und versucht, mit den Leser_innen in eine Art Gespräch zu kommen. Vor diesem Hintergrund wollen wir noch einmal kurz nicht *die*, aber *eine* Essenz dieses Büchleins zusammenfassen.

> Texte werden dann zu guten Texten, wenn sie diskurs- und adressatengerecht geschrieben sind und so die Leserin oder den Leser zu einem Gespräch einladen können.

Wenn Sie Ihren Text adressatengerecht schreiben, dann überlegen Sie, wie Sie Ihre Leser_innen am besten von Ihren Gedanken überzeugen können. Was müssen diese wissen, damit sie Ihnen folgen können? Was können Sie in diesem Kontext als selbstverständlich voraussetzen? Wie können Sie vielleicht etwas, das Sie einige Seiten zuvor schon erläutert haben, unauffällig wiederholen, damit die Leser_innen nicht alles im Gedächtnis behalten müssen? Wie können Sie Gegenargumente nicht nur elegant ausräumen, sondern sogar nutzen, um Ihre eigenen Argumente in den Augen der Leserschaft zu schärfen? Während Sie schreiben, sind Sie fortwährend gedanklich im Gespräch mit Ihrer Leserschaft. Am besten versetzen Sie sich von Zeit zu Zeit bewusst in die Leser_innen hinein, um herauszufinden, ob diese Ihnen noch folgen können. Was tun Sie, um sich selbst als glaubwürdig und ernsthaft darzustellen?

Der Gedanke an die Leserschaft kann einschüchtern, wenn Sie an einer Arbeit schreiben, die benotet wird. Wir empfehlen deswegen – siehe oben (⇨ Textbox auf S. 17) –, sich nicht unbedingt die Prüfer_innen vorzustellen. Denken Sie eher an jemanden, der sich im Feld nicht ganz so gut auskennt wie Sie. Stellen Sie sich insbesondere eine interessierte, neugierige und freundliche Person vor, mit der Sie in ein imaginäres Gespräch kommen wollen. Das Schreiben für eine solche Person – vielleicht eine Studienfreundin oder ein Schulfreund, ein neugieriger Onkel oder eine Lehrerin, die sich für Ihr Leben nach der Schule interessiert – fällt leichter als das Schreiben für einen kritischen Prüfer.

Lesen Sie auch Texte anderer Autor_innen kritisch im Hinblick auf ihre Rhetorik. Wenn Sie das tun, stellen Sie sich eine ganz einfache Frage: Wie erreicht es die Autorin bzw. der Autor, dass Sie ihr bzw. ihm gedanklich folgen? Wie macht diese Person sich glaubwürdig? Wo wird etwas ausführlich, logisch oder überzeugend belegt? Was wird nur angedeutet oder übersprungen? Wo bemerken Sie Suggestionen? Wo verliert die Autorin oder der Autor die Leser_innen – und warum? Wo hält sich jemand an Regeln, wo bricht er sie? Was wird dadurch erreicht?

Wir haben in diesem Buch oft betont, dass wissenschaftliche Praxis Regeln folgt, die man kennen und einhalten muss, um das Spiel mitspielen zu dürfen, und versucht, Ihnen zu zeigen, dass das Mitspielen selbst dann, wenn die Regeln implizit sind, gelernt werden kann. Man kann Regeln aber auch bewusst nicht einhalten, dehnen oder brechen, und auch das ist ein rhetorisches Mittel. Wenn Sie möchten, können Sie mit Erwartungen auch spielen. Sehr gute Texte sind oft solche, die genau dies tun.

Wissenschaft verändert sich. Vielleicht werden sich wissenschaftliche Praxis und Texte der Psychologie schon in wenigen Jahren substantiell verändert haben. Etwas davon haben wir als Autorinnen beim Schreiben dieses Buches erfahren. Wir haben aufgrund unseres unterschiedlichen akademischen Alters – 15 Jahre Unterschied in der Zeit in der Wissenschaft – unterschiedliche Erfahrung mit Texten und auch einen leicht unterschiedlichen Blick auf diese. Das soll auch so sein: Wie auf einer Reise sieht man Unterschiedliches auch in der Wissenschaft. Wir meinen damit nicht nur, dass man sich nicht einigen kann, wo es am schönsten gewesen ist – die praktischen Folgerungen? die ausgefuchste Theorie? die pingelige, ergebnisreiche Methodenkritik? –, sondern manchmal nicht einmal, was man gesehen hat. Ein wenig dieser unterschiedlichen Perspektiven und Stimmen werden Sie in unserem Buch bemerkt haben, und lassen Sie sich davon nicht irritieren. Es zeigt, dass die Psychologie in Bewegung ist und dass sie von Menschen mit eigenen Ansichten, eigenen Optionen und eigenem Spielraum gemacht wird. Einer dieser Menschen sind Sie.

10. Buchempfehlungen

Dieses Verzeichnis enthält Bücher, die wir besonders nützlich oder wichtig finden, jeweils mit einer kurzen Einschätzung. Das eigentliche Literaturverzeichnis finden Sie in Abschnitt 12.

American Psychological Association (2010). *Publication manual of the American Psychological Association* (6th ed.). Washington: American Psychological Association. — Das Buch enthält sehr detailreiche Information. Leider werden die Normen nur gesetzt und nicht erläutert, so dass es sich eher zum Nachschlagen als zum Lesen eignet.

Billig, M. (2013). *Learn to write badly: How to succeed in the social sciences.* Cambridge, UK: Cambridge University Press. — Ein sehr kritisches, aber aufschlussreiches und scharfsinniges Buch darüber, wie in verschiedenen Sozialwissenschaften geschrieben wird und dass das schlecht zu ihrem Forschungsgegenstand passt.

Booth, W. C., Colomb, G. G., Williams, J. M., Bizup, J. & FitzGerald, W. T. (2016). *The craft of research* (4th ed.). Chicago: Chicago University Press. — Ein Buch, das eine Fundgrube für Einsichten in und über Forschung ist, auch wenn es sich nicht speziell an Psycholog_innen richtet. Es enthält eine gute Mischung aus konkreten Tipps und Hinweisen, die es erlauben, Forschungshandeln zu reflektieren und damit besser zu verstehen.

Chalmers, C. (2017). *The 7 deadly sins of psychology: A manifesto for reforming the culture of scientific practice.* Princeton, NJ: Princeton University Press. — Chalmers, selbst erfolgreicher Psychologe und Neurowissenschaftler, hat einen sehr kritischen Blick auf die wissenschaftliche Praxis in diesen Wissenschaften - vom Publikationsbias über statistische Fehler bis hin zur Frage, wie Daten und Erkenntnisse mit anderen geteilt werden können. Das Buch enthält viele Vorschläge, wie man es besser machen kann. Spätestens für die Masterarbeit ist es einen neugierigen Blick wert.

Deutsche Gesellschaft für Psychologie (2016). *Richtlinien zur Manuskriptgestaltung* (4. Aufl.). Göttingen: Hogrefe. — Gut strukturiert, verständlich dargestellt und an Beispielen verdeutlicht, machen diese Richtlinien es einfach, das eigene Manuskript anhand der DGPS-Richtlinien zu gestalten.

Döring, N. & Bortz, J. (2016). *Forschungsmethoden und Evaluation in den Sozial- und Humanwissenschaften* (5. überarb. und erweiterte Aufl.). Berlin: Springer-Verlag. — Der Klassiker unter den Methodenbüchern für die Psychologie. Die Autor_innen stellen alle Schritte vom Finden einer Fragestellung bis hin zur Interpretation der Ergebnisse ausführlich dar und gehen umfassend auf Methoden der quantitativen und qualitativen Forschung ein. Dieses Buch eignet sich insbesondere als Nachschlagewerk.

Graff, G. & Birkenstein, K. (2009). *They say, I say: The moves that matter in academic writing.* New York: Norton. — In diesem Buch geht es vor allem darum, wie man mit Literatur anderer argumentieren kann. Es ist leicht und vergnüglich zu lesen und enthält viele direkt übertragbare Beispiele. Obwohl es auf Englisch geschrieben ist und seine Beispiele aus englischen Diskursen vieler Fächer bezieht, ist es sehr ergiebig. Bedenklich ist lediglich seine „Hands-on"-Mentalität.

Krajewski, M. (2015). *Lesen Schreiben Denken: Zur wissenschaftlichen Abschlussarbeit in 7 Schritten* (2. Aufl.). Köln Weimar Wien: Böhlau. — Das Buch richtet sich eher an Geisteswissenschaftler_innen. Wegen der ungewöhnlichen Themen (einer der Schritte ist das Verzetteln!), des breiten Hintergrunds und Krajewskis pointierter Ansichten ist es dennoch sehr zu empfehlen. Ein Kapitel beschäftigt sich anschaulich mit dem Drucksatz.

Rost, D. H. (2007). *Interpretation und Bewertung pädagogisch-psychologischer Studien: Eine Einführung* (2., überarb. und erweiterte Aufl.). Stuttgart: utb. — Sehr hilfreich für die kritische Lektüre von Originalartikeln - und damit indirekt auch für die sorgfältige Planung der eigenen Arbeit. Stellenweise recht polemisch, aber immer gut begründet.

Spaeth-Hilbert, T. & Imhof, M. (2013). *Bachelorarbeit in Psychologie.* München: Reinhardt. — Die beiden Autorinnen führen anhand dreier unterschiedlicher Beispiele durch den gesamten Prozess des Schreibens einer Bachelorarbeit in der Psychologie. Das Buch kann als Begleiter und Nachschlagewerk beim Schreiben Ihrer Bachelorarbeit dienen. Im hinteren Teil des Buchs finden Sie hilfreiche und konkrete Tipps sowie Checklisten.

Sternberg, R. J. (2005). *The psychologist's companion: A guide to scientific writing for students and researchers.* (4th ed.). Cambridge: Cambridge University Press. — In diesem hilfreichen Buch kommt alles vor, von der Literatursuche über verbreitete Fehler im wissenschaftlichen Englisch bis zu Fehlvorstellungen über psychologische Artikel. Einige Kapitel sind veraltet (z.B. Literatursuche, Erstellung von Grafiken, Nutzung des Internets), andere aber hilfreicher als die vergleichbaren Kapitel der Neuauflage von Sternberg und Sternberg (z.B. Schritte beim Schreiben von Texten, Tipps für besseres Schreiben).

Sternberg, R. J. & Sternberg, K. (2011). *The psychologist's companion: A guide to scientific writing for students and researchers.* (5th ed.). Cambridge: Cambridge University Press. — Das Buch deckt dieselben Themen ab wie die vorherige Auflage. Angereichert ist es mit anekdotischen Erzählungen aus der wissenschaftlichen Biographie hauptsächlich des Erstautors, was auf Dauer etwas penetrant wirkt. Die Tipps sind auf das Studium an amerikanischen Colleges und Graduate Schools ausgerichtet und nur teilweise auf das deutsche System übertragbar. Die inzwischen verfügbare 6. Auflage ist etwas breiter im Anspruch (z.B. enthält sie Informationen zum Schreiben eines Posters und für Bewerbungsgespräche), und die Beispiele sowie APA-Richtlinien wurden aktualisiert. Zudem gibt es Reflexionshinweise und Aufgaben.

Sword, H. (2012). *Stylish academic writing.* Harvard: Harvard University Press. — Geeignet für Personen, die gutes wissenschaftliches Englisch schreiben möchten oder sich für stilistische und rhetorische Merkmale psychologischer Texte interessieren. Zwar steht die Psychologie hier nicht allein im Fokus, Sword erklärt aber sehr anschaulich und verständlich das Besondere psychologischer

Forschungsartikel, und sie zeigt, dass man beim Schreiben durchaus stilistische Freiräume hat.

Wolfsberger, J. (2007). *frei geschrieben: Mut, Freiheit und Strategie für wissenschaftliche Abschlussarbeiten*. Wien: Böhlau. — Viele hilfreiche Anregungen und Erläuterungen zum Schreibprozess. Das Buch ist persönlich, direkt und anschaulich geschrieben. Jedes Kapitel schließt mit einer Praxisübung ab, die sich leicht umsetzen lässt. Sie können auch eine neuere Ausgabe nutzen.

11. Weitere Ressourcen

11.1 Internetressourcen

www.gpower.hhu.de – Mit dem Computerprogramm G*Power (Faul, Erdfelder, Lang & Buchner, 2007) lässt sich der benötigte Stichprobenumfang für statistische Tests (z.B. t-Tests, F-Tests, $\chi 2$-Tests, z-Tests) berechnen. Außerdem kann das Programm Effektgrößen berechnen und die Ergebnisse der Analysen grafisch aufbereiten. Es ist urheberrechtlich geschützt, kann aber kostenlos auf der Homepage der Heinrich-Heine-Universität Düsseldorf genutzt werden.

www.psychometrica.de/effect_size.html – Auf dieser Seite können Sie die Effektgrößen der statistischen Tests berechnen und einordnen.

www.jasp-stats.org – Diese Freeware ist eine kostenlose Alternative zu SPSS.

www.uni-paderborn.de/schreiben/test – In diesem kostenlosen Online-Test reflektieren Sie Ihre Schreibstrategien in verschiedenen Phasen des Schreibprozesses. Entsprechend Ihren Antworten erhalten Sie verschiedene Tipps und Übungen, die zu Ihrem persönlichen Vorgehen passen.

http://go.upd.de/schreibplan – Dieses Tutorial zeigt Ihnen, wie Sie einen individuellen Schreibplan erstellen und damit arbeiten.

11.2 Ressourcen für Schreiben auf Englisch

Francis, B. & Poole, R. (2009). *The Oxford collocations dictionary for students of English* (2nd ed.). Oxford UK: Oxford University Press. – Dieses Wörterbuch gibt an, welche Wörter im Englischen häufig gemeinsam auftreten. Es hilft, variantenreich zu schreiben, gerade wenn Sie mit dem Englischen nicht sehr vertraut sind.

Phrasebank: www.phrasebank.manchester.ac.uk/ – Diese Webseite stellt typische englische Formulierungen zur Verfügung, geordnet nach Themengebieten (z.B. Vergleiche, Auflistungen, Kausalitäten und vieles mehr) bzw. den verschiedenen Teilen wissenschaftlicher Arbeiten.

Writer's diet: www.writersdiet.com – Auf dieser Seite von Helen Sword kann man einen eigenen Text auf typische stilistische Probleme prüfen lassen, was recht hilfreich sein kann. In einem Punkt ist Vorsicht geboten: Das Programm identifiziert abstrakte Nomen als schlechten Stil. In manchen Fällen ist das hilfreich („The configuration of the study was achieved as follows"), in anderen handelt es sich aber um psychologische Fachbegriffe, die Sie nicht ersetzen können (z.B. *emotion, attention, self-regulation*).

11.3 Beispieltexte

Die folgenden Beispieltexte eignen sich für die Übungsaufgaben, in denen Sie Texte analysieren.

Dignath, C. & Büttner, G. (2008). Components of fostering self-regulated learning among students: A meta-analysis on intervention studies at primary and secondary school level. *Metacognition and Learning, 3,* 231–264. doi:10.1007/s11409-008-9029-x

Gollwitzer, P. M. & Brandstätter, V. (1997). Implementation intentions and effective goal pursuit. *Journal of Personality and Social Psychology, 73,* 186–199. doi:10.1037/0022-3514.73.1.186

Gross, J. J. & John, O. P. (2003). Individual differences in two emotion regulation processes: implications for affect, relationships, and well-being. Journal of Personality and Social Psychology, 85, 348–362. doi:10.1037/0022-3514.85.2.348

Hofer, M. (2004). Schüler wollen für die Schule lernen, aber auch anderes tun. Theorien der Lernmotivation in der Pädagogischen Psychologie. *Zeitschrift für Pädagogische Psychologie, 18,* 79–92. doi:10.1024/1010-0652.18.2.79

Rheinberg, F., Manig, Y., Kliegl, R., Engeser, S. & Vollmeyer, R. (2007). Flow bei der Arbeit, doch Glück in der Freizeit: Zielausrichtung, Flow und Glücksgefühle. *Zeitschrift für Arbeits- und Organisationspsychologie, 51,* 105–115. doi:10.1026/0932-4089.51.3.105

Rost, D. H., Wirthwein, L., Frey, K. & Becker, E. (2010). Steigert Kaugummikauen das kognitive Leistungsvermögen? *Zeitschrift für Pädagogische Psychologie, 24,* 39–49. doi:10.1024/1010-0652/a000003

12. Literaturverzeichnis

Abele, A. E. & Candova, A. (2007). Prädiktoren des Belastungserlebens im Lehrerberuf: Befunde einer 4-jährigen Längsschnittstudie. *Zeitschrift für Pädagogische Psychologie, 21,* 107–118. doi:10.1024/1010-0652.21.2.107

American Psychological Association (2010). *Publication manual of the American Psychological Association* (4th ed.). Washington: American Psychological Association.

Ansorge, U. & Neumann, O. (2005). Intentions determine the effect of invisible metacontrast-masked primes: Evidence for top-down contingencies in a peripheral cuing task. *Journal of Experimental Psychology: Human Perception and Performance, 31,* 762–777. doi:10.1037/0096-1523.31.4.762

Appel, M. & Schreiner, C. (2014). Digitale Demenz? Mythen und wissenschaftliche Befundlage zur Auswirkung von Internetnutzung. *Psychologische Rundschau, 65,* 1–10. doi:10.1026/0033-3042/a000186

Atkinson, R. C. & Shiffrin, R. M. (1968). Human memory: A proposed system and its control processes. In K. W. Spence & J. T. Spence (Eds.), *The psychology of learning and motivation: Advances in research and theory* (pp. 89–195). New York: Academic Press.

Ballstaedt, S.-P. (2006). Zusammenfassen von Textinformation. In H. Mandl & H. F. Friedrich (Hrsg.), *Handbuch Lernstrategien* (S. 117–126). Göttingen: Hogrefe.

Baumert, J. & Kunter, M. (2006). Stichwort: Professionelle Kompetenz von Lehrkräften. *Zeitschrift für Erziehungswissenschaft, 9,* 469–520. doi:10.1007/s11618-006-0165-2

Bean, J. C. (2011). *Engaging ideas: The professor's guide to integrating writing, critical thinking, and active learning in the classroom* (2nd ed.). San Francisco: John Wiley.

Bean, J. C., Chappell, V. A. & Gillam, A. M. (2014). *Reading rhetorically* (4th ed.). Boston: Pearson.

Bereiter, C. & Scardamalia, M. (1987). *The psychology of written composition.* Hillsdale, NJ: Lawrence Erlbaum Associates.

Billig, M. (2013). *Learn to write badly: How to succeed in the social sciences.* Cambridge, UK: Cambridge University Press.

Boekaerts, M. (1999). Self-regulated learning: Where we are today – Theory, research, and practice. *International Journal of Educational Research, 31,* 445–457. doi:10.1016/S0883-0355(99)00014-2

Booth, W. C., Colomb, G. G., Williams, J. M., Bizup, J. & Fitzgerald, W. T. (2016). *The craft of research* (4th ed.). Chicago & London: Chicago University Press.

Brandenburg, J., Klesczewski, J., Fischbach, A., Büttner, G., Grube, D., Mähler, C. & Hasselhorn, M. (2013). Arbeitsgedächtnisfunktionen von Kindern mit Minderleistungen in der Schriftsprache: Zur Dissoziation von Lese- und Rechtschreibfertigkeiten und zur Relevanz des IQ-Diskrepanzkriteriums. *Lernen und Lernstörungen, 2,* 147–159. doi:10.1024/2235-0977/a000037

Cohen, J. (1988). *Statistical power analysis for the behavioral sciences.* Hillsdale: Erlbaum.

Connors, R. J. (1999). The rhetoric of citation systems, part II: Competing epistemic values in citation. *Rhetoric Review, 17,* 219–245. doi:10.1080/07350199909359242

Cowan, N. (2008). What are the differences between long-term, short-term, and working memory? *Progress in Brain Research, 169,* 323–338. doi:10.1016/S0079-6123(07)00020-9

Creß, U. (2006). Lernorientierungen, Lernstile, Lerntypen und kognitive Stile. In H. Mandl & H. F. Friedrich (Hrsg.), *Handbuch Lernstrategien* (S. 365–377). Göttingen: Hogrefe.

Creswell, J. W. & Clark, V. L. P. (2011). *Designing and conducting mixed methods research* (2nd ed.). New York: Sage. doi:10.1111/j.1753-6405.2007.00097.x

Deci, E. L. & Ryan, R. M. (1985). *Intrinsic motivation and self-determination in human behavior.* New York: Plenum.

Deutsche Gesellschaft für Psychologie (2016). *Richtlinien zur Manuskriptgestaltung* (4. Aufl.). Göttingen: Hogrefe.

Dehaene, S. (2012). *Lesen: Die größte Erfindung der Menschheit und was dabei in unseren Köpfen passiert.* München: btb.

Dignath, C. & Büttner, G. (2008). Components of fostering self-regulated learning among students: A meta-analysis on intervention studies at primary and secondary school level. *Metacognition and Learning, 3,* 231–264. doi:10.1007/s11409-008-9029-x

Duckworth, A. L. & Seligman, M. E. (2005). Self-discipline outdoes IQ in predicting academic performance of adolescents. *Psychological Science, 16,* 939–944. doi:10.1111/j.1467-9280.2005.01641.x

Elbow, P. (1998). *Writing with power: Techniques for mastering the writing process* (2nd ed.). Oxford: Oxford University Press.

Elbow, P. (2000). *Everyone can write: Essays toward a hopeful theory of writing and teaching writing.* New York: Oxford University Press.

Ericsson, K. A., Krampe, R. T. & Tesch-Römer, C. (1993). The role of deliberate practice in the acquisition of expert performance. *Psychological Review, 100,* 363–406. doi:10.1037/0033-295X.100.3.363

Faul, F., Erdfelder, E., Lang, A.-G. & Buchner, A. (2007). G*Power 3: A flexible statistical power analysis program for the social, behavioral, and biomedical sciences. *Behavior Research Methods, 39,* 175–191. G*Power 3.1.9.2 (Shareware). Verfügbar unter: www.gpower.hhu.de

Fiedler, K. (2011). Voodoo correlations are everywhere–not only in neuroscience. *Perspectives on Psychological Science, 6,* 163–171. doi:10.1177/1745691611400237

Fiedler, K., Kutzner, F. & Krueger, J. I. (2012). The long way from α-error control to validity proper: Problems with a short-sighted false-positive debate. *Perspectives on Psychological Science, 7,* 661–669. doi:10.1177/1745691612462587

Francis, G. (2012). Too good to be true: Publication bias in two prominent studies from experimental psychology. *Psychonomic Bulletin & Review, 19,* 151–156. doi:10.3758/s13423-012-0227-9

Gigerenzer, G. (1998). We need statistical thinking, not statistical rituals. *Behavioral and Brain Sciences, 21,* 199–200. doi:10.1017/S0140525X98281167

Gigerenzer, G. (2004). Mindless statistics. *Journal of Socio-Economics, 33,* 587–606. doi;10.1016/j.socec.2004.09.033

Gigerenzer, G., Krauss, S. & Vitouch, O. (2004). The null ritual: What you always wanted to know about significance testing but were afraid to ask. In D. Kaplan (Ed.), *The Sage handbook of quantitative methodology for the social sciences* (pp. 391–408). Thousand Oaks, CA: Sage.

Goldsmith, K. (2017). *Uncreative Writing.* Berlin: Matthes & Seitz.

Gollwitzer, P. M. & Brandstätter, V. (1997). Implementation intentions and effective goal pursuit. *Journal of Personality and Social Psychology, 73,* 186–199. doi:10.1037/0022-3514.73.1.186

Graff, G. & Birkenstein, C. (2009). *They say, I say: The moves that matter in academic writing.* New York: Norton.

Gross, J. J. & John, O. P. (2003). Individual differences in two emotion regulation processes: Implications for affect, relationships, and well-being. *Journal of Personality and Social Psychology, 85,* 348–362. doi:10.1037/0022-3514.85.2.348

Häfner, A., Oberst, V. & Stock, A. (2014). Avoiding procrastination through time management: An experimental intervention study. *Educational Studies, 40,* 352–360. doi:10.1080/03055698.2014.899487

Hayes, N. & Introna, L. D. (2005). Cultural values, plagiarism, and fairness: When plagiarism gets in the way of learning. *Ethics and Behavior, 15,* 213–231. doi:10.1207/s15327019eb1503_2

Henrich, J., Heine, S. J. & Norenzayan, A. (2010). The weirdest people in the world? *Behavioral and Brain Sciences, 33,* 61–135. doi:10.1017/S0140525X10000725

Holodynski, M., Hermann, S. & Kromm, H. (2013). Entwicklungspsychologische Grundlagen der Emotionsregulation. *Psychologische Rundschau, 64,* 196–207. doi:10.1026/0033-3042/a000174

Howard, R. M., Serviss, T. & Rodrigue, T. K. (2010). Writing from sources, writing from sentences. *Writing & Pedagogy, 2,* 177–192. doi:10.1558/wap.v2i2.177

Hyland, K. (1996). Writing without conviction? Hedging in scientific research articles. *Applied Linguistics, 17,* 433–454. doi:10.1093/applin/17.4.433

Hyland, K. (2005). Stance and engagement: A model of interaction in academic discourse. *Discourse Studies, 7,* 173–192. doi:10.1177/1461445605050365

Hyland, K. (2008). As can be seen: Lexical bundles and disciplinary variation. *English for Specific Purposes, 27,* 4–21. doi:10.1016/j.esp.2007.06.001

Ie, A., Haller, C. S., Langer, E. J. & Courvoisier, D. S. (2012). Mindful multitasking: The relationship between mindful flexibility and media multitasking. *Computers in Human Behavior, 28,* 1526–1532. doi:10.1016/j.chb.2012.03.022

Kellogg, R. T. & Whiteford, A. P. (2009). Training advanced writing skills: The case for deliberate practice. *Educational Psychologist, 44,* 250–266. doi:10.1080/00461520903213600

Klingberg, T. (2008). *Multitasking: Wie man die Informationsflut bewältigt, ohne den Verstand zu verlieren.* München: Verlag C.H. Beck.

Klingsieck, K. B., Grund, A., Schmid, S. & Fries, S. (2013). Why students procrastinate: A qualitative approach. *Journal of College Student Development, 54,* 397–412. doi:10.1353/csd.2013.0060

Klusmann, U., Kunter, M., Trautwein, U. & Baumert, J. (2006). Lehrerbelastung und Unterrichtsqualität aus der Perspektive von Lehrenden und Lernenden. *Zeitschrift für Pädagogische Psychologie, 20,* 161–173. doi:10.1024/1010-0652.20.3.161

Lave, J. & Wenger, E. (1991). *Situated learning: Legitimate peripheral participation.* Cambridge: Cambridge University Press.

Mara, M. & Appel, M. (2015). Science fiction reduces the eeriness of android robots: A field experiment. *Computers in Human Behavior, 48,* 156–162. doi:10.1016/j.chb.2015.01.007

Molitor, S. (1985). Personen- und aufgabenspezifische Schreibstrategien. *Unterrichtswissenschaft, 13,* 334–345.

Pashler, H. & Wagenmakers, E.-J. (2012). Editors' introduction to the special section on replicability in psychological science: A crisis of confidence? *Perspectives on Psychological Science, 7,* 528–530 doi:10.1177/1745691612465253

Patrzek, J., Grunschel, C. & Fries, S. (2012). Academic procrastination: The perspective of university counsellors. *International Journal for the Advancement of Counselling, 34,* 185-201. doi:10.1007/s10447-012-9150-z

Perfect, T. J. & Stark, L.-J. (2008). Why do I always have the best ideas? The role of idea quality in unconscious plagiarism. *Memory, 16,* 386–394. doi:10.1080/09658210801946501

Rheinberg, F. & Fries, S. (1998). Förderung der Lernmotivation: Ansatzpunkte, Strategien und Effekte. *Psychologie in Erziehung und Unterricht, 45,* 168–184.

Roig, M. (2001). Plagiarism and paraphrasing criteria of college and university professors. *Ethics & Behavior, 11,* 307–323. doi:10.1207/S15327019EB1103_8

Rost, D. H. (2007). *Interpretation und Bewertung pädagogisch-psychologischer Studien: Eine Einführung* (2., überarb. und erweiterte Aufl.). Stuttgart: utb.

Rost, D. H., Wirthwein, L., Frey, K. & Becker, E. (2010). Steigert Kaugummikauen das kognitive Leistungsvermögen? *Zeitschrift für Pädagogische Psychologie, 24,* 39–49. doi:10.1024/1010-0652/a000003

Rozental, A., Forsell, E., Svensson, A., Andersson, G. & Carlbring, P. (2015). Internet-based cognitive-behavior therapy for procrastination: A randomized controlled trial. *Journal of Consulting and Clinical Psychology, 83,* 808–824. doi:10.1037/ccp0000023

Schraw, G., Wadkins, T. & Olafson, L. (2007). Doing the things we do: A grounded theory of academic procrastination. *Journal of Educational Psychology, 99,* 12–15. doi:10.1037/0022-0663.99.1.12

Siebold, A., van Zoest, W. & Donk, M. (2011). Oculomotor evidence for top-down control following the initial saccade. *PLoS ONE, 6(9):* e23552. doi:10.1371/journal.pone.0023552

Simmons, J. P., Nelson, L. D. & Simonsohn, U. (2011). False-positive psychology: Undisclosed flexibility in data collection and analysis allows presenting anything as significant. *Psychological Science, 22,* 1359–1366. doi:10.1177/0956797611417632

Spaeth-Hilbert, T. & Imhof, M. (2013). *Bachelorarbeit in Psychologie.* München: Reinhardt.

Specht, J. (2014). *Suche kochenden Betthasen: Was wir aus wissenschaftlichen Studien für die Liebe lernen können.* Reinbek bei Hamburg: Rowohlt.

Stachelhaus, A. & Strauß, B. (2005). Die Förderung graphomotorischer Fertigkeiten von Erstklässlern durch psychomotorische Übungen im Sportunterricht. *Zeitschrift für Entwicklungspsychologie und Pädagogische Psychologie, 37,* 194–204. doi:10.1026/0049-8637.37.4.194

Stern, E. & Neubauer, A. (2013). *Intelligenz: Große Unterschiede und ihre Folgen* (2. Aufl.). München: Deutsche Verlags Anstalt.

Stern, E. & Neubauer, A. (2016). Intelligenz: Kein Mythos, sondern Realität. *Psychologische Rundschau, 67,* 15–27. doi:10.1026/0033-3042/a000290

Sternberg, R. J. (2005). *The psychologist's companion: A guide to scientific writing for students and researchers* (4th ed.). Cambridge: Cambridge University Press.

Sternberg, R. J. & Sternberg, K. (2016). *The psychologist's companion: A guide to scientific writing for students and researchers* (6th ed.). Cambridge: Cambridge University Press. doi:10.1017/CBO9781316488935

Swales, J. M. (1990). *Genre analysis: English in academic and research settings.* Cambridge: Cambridge University Press.

Sword, H. (2012). *Stylish academic writing.* Harvard: Harvard University Press.

Torrance, M., Thomas, G. V. & Robinson, E. J. (2000). Individual differences in undergraduate essay-writing strategies: A longitudinal study. *Higher Education, 39,* 181–200. doi:10.1023/A:1003990432398

Ulrich, R., Erdfelder, E., Deutsch, R., Strauß, B., Brüggemann, A., Hannover, B. & Tuschen-Caffier, B. (2016). Inflation von falsch-positiven Befunden in der psychologischen Forschung: Mögliche Ursachen und Gegenmaßnahmen. *Psychologische Rundschau, 67,* 163–174. doi:10.1026/0033-3042/a000296

Wolfsberger, J. (2007). *frei geschrieben: Mut, Freiheit und Strategie für wissenschaftliche Abschlussarbeiten.* Wien: Böhlau.

Wolters, C. A. (2003). Understanding procrastination from a self-regulated learning perspective. *Journal of Educational Psychology, 95,* 179–187. doi:10.1037/0022-0663.95.1.179

Yang, R. & Allison, D. (2003). Research articles in applied linguistics: Moving from results to conclusions. *English for Specific Purposes, 22,* 365–385. doi:10.1016/S0889-4906(02)00026-1

Zimmerman, B. J. (2000). Attaining self-regulation: A social cognitive perspective. In M. Boekaerts, P. R. Pintrich & M. Zeidner (Eds.), *Handbook of self-regulation* (pp. 13–39). San Diego, CA: Academic Press.

Zimmerman, B. J. & Kitsantas, A. (2007). A writer's discipline: The development of self-regulatory skills. In S. Hidi & P. Boscolo (Eds.), *Writing and motivation* (pp. 51–72). Oxford: Elsevier.

Dr. Renate Brezels Schreibapotheke

Bedienungsanleitung: Diese Seite ausschneiden, zu einer Ziehharmonika falten und in eine Rolle Smarties stecken. Einmal gründlich schütteln, fertig ist Dr. Renate Brezels Schreibapotheke.

Motivationol® (lila)

Motivationol® ist ein antriebssteigerndes Mittel schokoladeähnlicher Herkunft. Es unterstützt das Durchbeißen durch langweiligen Stoff in großen Mengen. Telefonieren, Nurmalebenwhatsappchecken und komplizierte Kaffeerituale werden erfolgreich unterbunden. Die Persönlichkeit entwickelt mitreißende Eigenschaften und wird überhaupt optimiert.
Gegenanzeigen: keine
Nebenwirkungen: Gelegentlich kann es zu nicht unterbindbaren Fensterputzorgien kommen. In einzelnen Fällen sind in der Vergangenheit allergische Reaktionen (vollständige Reaktionsverweigerung, stupor depress.) aufgetreten. Bei langfristiger Einnahme kann es zu Abhängigkeitsreaktionen (Motivationolose) kommen. Sehr selten tritt eine entzündliche Motivationitis auf.
Wechselwirkungen mit anderen Mitteln: Die gleichzeitige Einnahme von Antifrustex forte® sollte vermieden werden, da erschreckende Anfälle manischer Arbeitswut auftreten können. Die Wirkungen von Motivationol® und Alkohol heben sich gegenseitig auf.
Dosierungsanleitung: nicht bekannt. Schokoladeähnliche Substanzen entziehen sich der gezielten Dosierung.

Memoriamax retard® (blau)

Memoriamax retard® führt zu erhöhten Gedächtnisleistungen speziell im begrifflichen Bereich. Die Wirkdauer einer Pille beträgt etwa 4 Stunden. Wissen, das in dieser Zeit mehrfach in größer werdenden Abständen wiederholt wurde, ist aufgrund der patentierten Retardwirkung dauerhaft verfügbar.
Gegenanzeigen: Keine bekannt. Im Gegensatz zu einer volkstümlichen Meinung ist im durchschnittlichen Schädel hinreichend Platz für alles.
Nebenwirkungen: Unter Memoriamax retard® kann es gelegentlich zu zwanghafter Erinnerung an schlechte Seminare und unsinniges Wissen kommen (Memoriamose). In einzelnen Fällen tritt dies als Flashbackwirkung noch Jahre später auf. Tut uns leid!
Dosierungsanleitung: Erwachsene nehmen kurz vor Phasen intensiven Lernens eine Tablette. Die Maximaldosis von 1.000 Tabletten pro Tag sollte nicht überschritten werden.

Argumentum illustris® (grün)

Argumentum illustris® ist ein Medikament, das das Entwickeln klarer Gedankengänge in schriftlichen Arbeiten unterstützt. Es besteht aus den drei Komponenten These, Argument und Beispiel und ist in linearer wie dialektischer Verpackungsgröße erhältlich.
Gegenanzeigen: Sollte nicht von Personen eingenommen werden, die ihre Texte in Spiegelstrichform organisieren.
Nebenwirkungen: Das Lesen wissenschaftlicher Texte wird unter Argumentum illustris® unter Umständen empfindlich gestört. Deswegen sollte es auch nicht von bewertenden Dozent_innen eingenommen werden.
Dosierungsanleitung: Sobald man beim Schreiben auch nur einen Zipfel der Gedanken „Wird schon passen!" oder „Das habe ich aber schön ausgedrückt! (Aber was eigentlich?)" oder „Der Dozent versteht das sicher!" im Hirnkasten entdeckt, wird sofort eine Pille mit einem Klaren hinuntergespült.

Confidentia reflexiva® (rosa!)

Confidentia reflexiva® ist ein Neurotransmitter-Substitut einigermaßen natürlicher Herkunft, das die Ausbildung und den Einsatz von Selbstsicherheit unterstützt. Besonders wirkungsvoll ist es bei Patient_innen, die unter schwach bis mäßig ausgeprägten, sachinadäquaten Selbstzweifeln leiden. Nach Einnahme von Confidentia reflexiva® kommt es für etwa 15 bis 30 Minuten zu einem erhöhten Ausstoß von Überzeugungen, Überlegungen und strukturierten Argumentationen. Das Mittel eignet sich vorzüglich zur Unterstützung wissenschaftlicher Arbeiten.
Gegenanzeigen: Confidentia reflexiva® sollte nicht angewendet werden in bestimmten Phasen der pubertären Entwicklung, an die wir hier lieber nicht erinnern wollen.
Nebenwirkungen: Confidentia reflexiva® interagiert mit Evidentia superior®. Bei gleichzeitiger Einnahme kann es zu hochgradigen

Fehleinschätzungen der eigenen Leistungsfähigkeit kommen.
Dosierungsanleitung: Die Dosierung berechnet sich nach dem zeitlichen Intervall, das bis zur Abgabe der Arbeit verbleibt. Am ersten Tag wird eine Pille eingenommen; für jeden weiteren Tag verdoppelt sich die Dosis.

Doubtolan immediat® (braun)

Bei Doubtolan immediat® handelt es sich um ein Präparat, das das unmittelbare Entstehen von Fragen, Grübeln, Stirnrunzeln und Textüberarbeiten fördert.
Gegenanzeigen: Sollte nicht in der Rohtextphase verwendet werden.
Nebenwirkungen: Führt häufig zu exzessivem Textlöschen.
Dosierungsanleitung: Sollte man genau so dosieren, wie man es eigentlich nicht dosieren würde – dann liegt man schon richtig.

Evidentia superbia® C42 (rot)

Evidentia superbia® ist ein homöopathisches Arzneimittel hoher Potenz (C42), das speziell für wissenschaftliche Hausarbeiten entwickelt wurde. Es unterstützt die Ausbildung wissenschaftlicher Einsichten auch in schwierigen Fällen.
Gegenanzeigen: Evidentia superbia® darf nicht angewandt werden bei habituellem oder ansteckendem Größenwahn (einer in der Zielpopulation der Wissenschaftler_innen nicht seltenen Erkrankung), Überempfindlichkeit gegen intellektuelle Beschäftigung oder akutem oder chronischem Stumpfsinn.
Nebenwirkungen: Gelegentlich können unter Evidentia superbia® starke Aufregung, zwanghaftes Reden, Schreibkrämpfe oder spontane Erleuchtungen spiritueller Art auftreten, die am nächsten Tag der Ernüchterung weichen. Bei sehr empfindlichen Personen kann es zu überschießenden Intelligenzreaktionen kommen. In diesen Fällen ist die Dosis zu reduzieren, das Medikament abzusetzen oder der Computer zwecks Weiterverwendung der Erkenntnisse zu entwenden.

Formalia optima® (orange)

Formalia optima® ist ein von der deutschen Kultusministerkonferenz verbotener Leistungssteigerer, der neben der deutschen Rechtschreibung auch andere durch Regeln nicht zu erklärende Formalia wissenschaftlicher Arbeiten betrifft. Unter Einnahme reduziert sich die Anzahl formaler Fehler in Arbeiten; der Effekt bleibt teilweise als Retardwirkung erhalten und breitet sich auf Wohnungsnachbar_innen aus.
Nebenwirkungen: Sehr selten kann es zu Störungen im Perfektionsmetabolismus kommen, wobei sowohl Über- als auch Unterperfektion beobachtet werden. Zu beachten ist, dass die Regelherkunft noch nicht gesteuert werden kann, so dass in der Regel zwar nach Regeln, aber meist den falschen, geschrieben wird.
Dosierungsanleitung: Erwachsene nehmen vor dem Aufwachen zwei Tablett_innen mit einem Sahnehäubchen.

Whatsappopax® und Facebookopax®

Die beiden verwandten Medikamente schirmen zuverlässig gegen äußere Störungen durch die genannten Quellen ab.
Gegenanzeigen: absolut nicht bekannt!
Nebenwirkungen: Bei fast allen Personen tritt unter der Ersteinnahme nervöse Unruhe auf, die sich bis zur Gereiztheit steigern kann. Mit den Patient_innen vernetzte Personen („Freunde") erfahren sofortige positive Wirkungen, die landläufig als Ruhe und Gelassenheit bekannt sind.
Dosierungsanleitung: Zwei Mittel, bei denen die Simplizität der Anwendung und die Schwierigkeiten der Patient_innen bei derselben in völligem Missverhältnis stehen. W-Lan abschalten oder Handy zerbeißen, fertig.

Pausenfix® (gelb)

Pausenfix sorgt für Pausen beim wissenschaftlichen Arbeiten. Hierfür werden aus Renate Brezels Schreibapotheke alle gelben Smarties herausgesucht und zu einem symmetrischen Muster gelegt. Fortgeschrittene können Muster mit mehreren Symmetrieachsen legen.

Fertig? Smarties zurück in die Röhre und weiterschreiben! Viel Erfolg!

Dr. Renate Brezels Schreibapotheke

Bedienungsanleitung: Diese Seite ausschneiden, zu einer Ziehharmonika falten und in eine Rolle Smarties stecken. Einmal gründlich schütteln, fertig ist Dr. Renate Brezels Schreibapotheke.

Motivationol® (lila)

Motivationol® ist ein antriebssteigerndes Mittel schokoladeähnlicher Herkunft. Es unterstützt das Durchbeißen durch langweiligen Stoff in großen Mengen. Telefonieren, Nurmalebenwhatsappchecken und komplizierte Kaffeerituale werden erfolgreich unterbunden. Die Persönlichkeit entwickelt mitreißende Eigenschaften und wird überhaupt optimiert.
Gegenanzeigen: keine
Nebenwirkungen: Gelegentlich kann es zu nicht unterbindbaren Fensterputzorgien kommen. In einzelnen Fällen sind in der Vergangenheit allergische Reaktionen (vollständige Reaktionsverweigerung, stupor depress.) aufgetreten. Bei langfristiger Einnahme kann es zu Abhängigkeitsreaktionen (Motivationolose) kommen. Sehr selten tritt eine entzündliche Motivationitis auf.
Wechselwirkungen mit anderen Mitteln: Die gleichzeitige Einnahme von Antifrustex forte® sollte vermieden werden, da erschreckende Anfälle manischer Arbeitswut auftreten können. Die Wirkungen von Motivationol® und Alkohol heben sich gegenseitig auf.
Dosierungsanleitung: nicht bekannt. Schokoladeähnliche Substanzen entziehen sich der gezielten Dosierung.

Memoriamax retard® (blau)

Memoriamax retard® führt zu erhöhten Gedächtnisleistungen speziell im begrifflichen Bereich. Die Wirkdauer einer Pille beträgt etwa 4 Stunden. Wissen, das in dieser Zeit mehrfach in größer werdenden Abständen wiederholt wurde, ist aufgrund der patentierten Retardwirkung dauerhaft verfügbar.
Gegenanzeigen: Keine bekannt. Im Gegensatz zu einer volkstümlichen Meinung ist im durchschnittlichen Schädel hinreichend Platz für alles.
Nebenwirkungen: Unter Memoriamax retard® kann es gelegentlich zu zwanghafter Erinnerung an schlechte Seminare und unsinniges Wissen kommen (Memoriamose). In einzelnen Fällen tritt dies als Flashbackwirkung noch Jahre später auf. Tut uns leid!
Dosierungsanleitung: Erwachsene nehmen kurz vor Phasen intensiven Lernens eine Tablette. Die Maximaldosis von 1.000 Tabletten pro Tag sollte nicht überschritten werden.

Argumentum illustris® (grün)

Argumentum illustris® ist ein Medikament, das das Entwickeln klarer Gedankengänge in schriftlichen Arbeiten unterstützt. Es besteht aus den drei Komponenten These, Argument und Beispiel und ist in linearer wie dialektischer Verpackungsgröße erhältlich.
Gegenanzeigen: Sollte nicht von Personen eingenommen werden, die ihre Texte in Spiegelstrichform organisieren.
Nebenwirkungen: Das Lesen wissenschaftlicher Texte wird unter Argumentum illustris® unter Umständen empfindlich gestört. Deswegen sollte es auch nicht von bewertenden Dozent_innen eingenommen werden.
Dosierungsanleitung: Sobald man beim Schreiben auch nur einen Zipfel der Gedanken „Wird schon passen!" oder „Das habe ich aber schön ausgedrückt! (Aber was eigentlich?)" oder „Der Dozent versteht das sicher!" im Hirnkasten entdeckt, wird sofort eine Pille mit einem Klaren hinuntergespült.

Confidentia reflexiva® (rosa!)

Confidentia reflexiva® ist ein Neurotransmitter-Substitut einigermaßen natürlicher Herkunft, das die Ausbildung und den Einsatz von Selbstsicherheit unterstützt. Besonders wirkungsvoll ist es bei Patient_innen, die unter schwach bis mäßig ausgeprägten, sachinadäquaten Selbstzweifeln leiden. Nach Einnahme von Confidentia reflexiva® kommt es für etwa 15 bis 30 Minuten zu einem erhöhten Ausstoß von Überzeugungen, Überlegungen und strukturierten Argumentationen. Das Mittel eignet sich vorzüglich zur Unterstützung wissenschaftlicher Arbeiten.
Gegenanzeigen: Confidentia reflexiva® sollte nicht angewendet werden in bestimmten Phasen der pubertären Entwicklung, an die wir hier lieber nicht erinnern wollen.
Nebenwirkungen: Confidentia reflexiva® interagiert mit Evidentia superior®. Bei gleichzeitiger Einnahme kann es zu hochgradigen

Fehleinschätzungen der eigenen Leistungsfähigkeit kommen.
Dosierungsanleitung: Die Dosierung berechnet sich nach dem zeitlichen Intervall, das bis zur Abgabe der Arbeit verbleibt. Am ersten Tag wird eine Pille eingenommen; für jeden weiteren Tag verdoppelt sich die Dosis.

Doubtolan immediat® (braun)

Bei Doubtolan immediat® handelt es sich um ein Präparat, das das unmittelbare Entstehen von Fragen, Grübeln, Stirnrunzeln und Textüberarbeiten fördert.
Gegenanzeigen: Sollte nicht in der Rohtextphase verwendet werden.
Nebenwirkungen: Führt häufig zu exzessivem Textlöschen.
Dosierungsanleitung: Sollte man genau so dosieren, wie man es eigentlich nicht dosieren würde – dann liegt man schon richtig.

Evidentia superbia® C42 (rot)

Evidentia superbia® ist ein homöopathisches Arzneimittel hoher Potenz (C42), das speziell für wissenschaftliche Hausarbeiten entwickelt wurde. Es unterstützt die Ausbildung wissenschaftlicher Einsichten auch in schwierigen Fällen.
Gegenanzeigen: Evidentia superbia® darf nicht angewandt werden bei habituellem oder ansteckendem Größenwahn (einer in der Zielpopulation der Wissenschaftler_innen nicht seltenen Erkrankung), Überempfindlichkeit gegen intellektuelle Beschäftigung oder akutem oder chronischem Stumpfsinn.
Nebenwirkungen: Gelegentlich können unter Evidentia superbia® starke Aufregung, zwanghaftes Reden, Schreibkrämpfe oder spontane Erleuchtungen spiritueller Art auftreten, die am nächsten Tag der Ernüchterung weichen. Bei sehr empfindlichen Personen kann es zu überschießenden Intelligenzreaktionen kommen. In diesen Fällen ist die Dosis zu reduzieren, das Medikament abzusetzen oder der Computer zwecks Weiterverwendung der Erkenntnisse zu entwenden.

Formalia optima® (orange)

Formalia optima® ist ein von der deutschen Kultusministerkonferenz verbotener Leistungssteigerer, der neben der deutschen Rechtschreibung auch andere durch Regeln nicht zu erklärende Formalia wissenschaftlicher Arbeiten betrifft. Unter Einnahme reduziert sich die Anzahl formaler Fehler in Arbeiten; der Effekt bleibt teilweise als Retardwirkung erhalten und breitet sich auf Wohnungsnachbar_innen aus.
Nebenwirkungen: Sehr selten kann es zu Störungen im Perfektionsmetabolismus kommen, wobei sowohl Über- als auch Unterperfektion beobachtet werden. Zu beachten ist, dass die Regelherkunft noch nicht gesteuert werden kann, so dass in der Regel zwar nach Regeln, aber meist den falschen, geschrieben wird.
Dosierungsanleitung: Erwachsene nehmen vor dem Aufwachen zwei Tablett_innen mit einem Sahnehäubchen.

Whatsappopax® und Facebookopax®

Die beiden verwandten Medikamente schirmen zuverlässig gegen äußere Störungen durch die genannten Quellen ab.
Gegenanzeigen: absolut nicht bekannt!
Nebenwirkungen: Bei fast allen Personen tritt unter der Ersteinnahme nervöse Unruhe auf, die sich bis zur Gereiztheit steigern kann. Mit den Patient_innen vernetzte Personen („Freunde") erfahren sofortige positive Wirkungen, die landläufig als Ruhe und Gelassenheit bekannt sind.
Dosierungsanleitung: Zwei Mittel, bei denen die Simplizität der Anwendung und die Schwierigkeiten der Patient_innen bei derselben in völligem Missverhältnis stehen. W-Lan abschalten oder Handy zerbeißen, fertig.

Pausenfix® (gelb)

Pausenfix sorgt für Pausen beim wissenschaftlichen Arbeiten. Hierfür werden aus Renate Brezels Schreibapotheke alle gelben Smarties herausgesucht und zu einem symmetrischen Muster gelegt. Fortgeschrittene können Muster mit mehreren Symmetrieachsen legen.

Fertig? Smarties zurück in die Röhre und weiterschreiben! Viel Erfolg!